Werner Hoffmann & Chor

STERNSTUNDE der Welt

Neue Lieder für die Weihnachtszeit

Chorpartitur

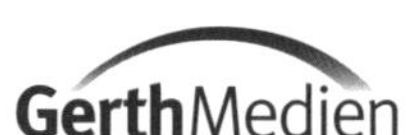

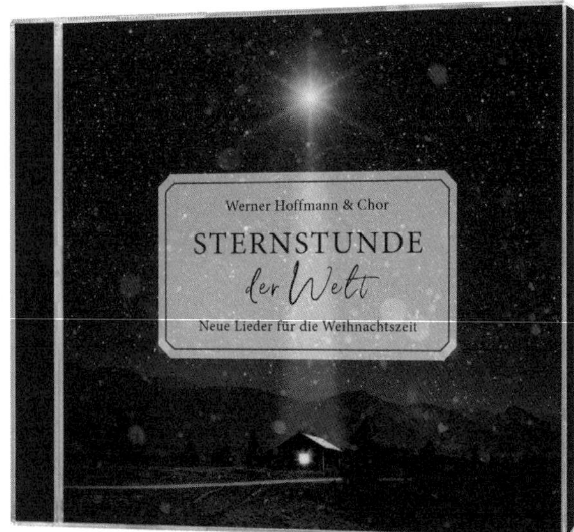

Die Aufnahmen zur Chorpartitur:

Sternstunde der Welt

 CD 940070

Im Download unter www.gerth.de:

mp3 Album DL940070

mp3 Playback DL920070

Der QR-Code zum Album

1. QR-Code scannen oder
2. URL manuell eingeben.

https://www.gerth.de/sternstunde-der-welt-chorpartitur.html

Praktische Hinweise:

Die Lieder eignen sich hervorragend als musikalisches Weihnachtsprojekt z. B. im Rahmen eines Weihnachts- oder Adventsgottesdienstes. Es können neben dem Chor oder einem Gesangsteam auch Zuhörer (z. B. Gemeinde) mit einbezogen werden. Allen Liedern liegen Bibeltexte zugrunde, die bei einer Aufführung bei dem entsprechenden Lied zitiert werden können.

Für das Erarbeiten der Lieder ist es hilfreich, wenn die Teilnehmer/innen von Projektchören als Vorbereitung für ein Konzert, das dazugehörige Album verinnerlichen. Die Notationen der Lieder orientieren sich an den Aufnahmen und wurden für einen einfachen Ablauf angepasst. Zwischenspiele u.ä. wurden bewusst weggelassen. Das erhältliche Playback kann die Band oder den Pianisten ersetzen oder ergänzen. Bei der Nutzung des Playback ist auf die angepassten Noten zu achten.

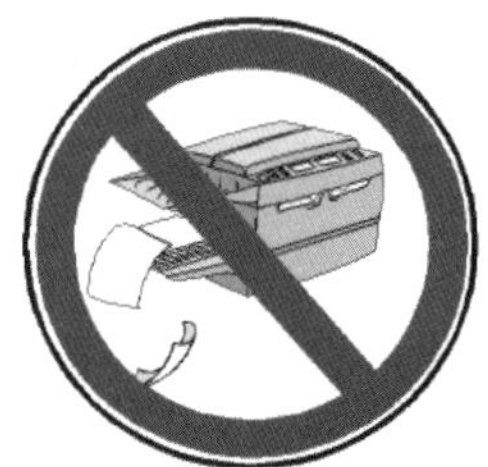

Die Bibelverse wurden entnommen aus:
Lutherbibel, revidierter Text 2017, © 2016 Deutsche Bibelgesellschaft, Stuttgart
Hoffnung für alle®, Copyright © 1983, 1996, 2002, 2015 by Biblica, Inc.®.
Verwendet mit freundlicher Genehmigung des Herausgebers Fontis. (Hfa)

Grafische Gestaltung und Umschlaggestaltung: Mareike Schaaf
Coverfoto: Shutterstock / vovan
Notengrafik: Christine Kandert, Reichenberg
Projektbetreuung: Susanne Hohenstern

Bestell-Nr. 857570
ISBN 978-3-89615-570-2
1. Auflage 2023
Druck: Schweikert Druck, Obersulm-Eschnau
Printed in Germany

www.gerth.de

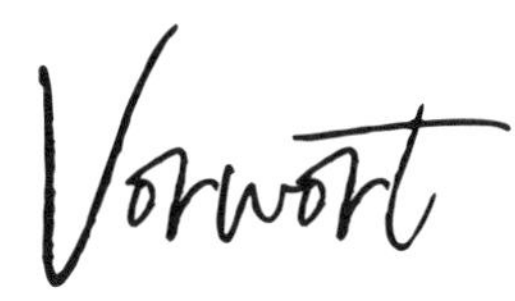

Niemals war die Nacht so dunkel,
weit und breit kein Stern,
niemals warn wir so verloren,
niemals Gott so fern.
Niemals war die Welt so friedlos,
voller Hass und Streit,
niemals war die Hoffnung kleiner,
nie das Ziel so weit.

Das beschreibt ganz gut die Situation, die in Israel 500 vor Christus herrscht. Das Land wird von der Großmacht Assyrien gefährlich bedroht. Dunkelheit, Angst und Hoffnungslosigkeit liegen bleiern über dem Land, und die Menschen leiden entsetzlich unter der Brutalität eines grausamen Machthabers.

Wenn ich die Worte des Propheten in Jesaja 8 und 9 lese, die diesem Lied zugrunde liegen, drängen sich mir unweigerlich Parallelen zu unserer Zeit auf. Doch in dieser trostlosen Lage sieht der Prophet ein helles Licht der Hoffnung am Horizont aufsteigen.

Es wird nicht dunkel bleiben,
die Schatten fliehen schon.
Ein Kind ist uns geboren:
Gott schenkt uns seinen Sohn.

Darum handeln die hier vorliegenden Lieder nicht von einer „Zeitenwende", die das Ende der Friedenszeit, sondern deren Anfang anzeigt, nicht von der Überlegenheit von Waffen, von Krieg und Gewalt, sondern vom kommenden Friedensreich Jesu. Sie sprechen vom Kind in der Krippe, das als helles Hoffnungslicht in diese Welt gekommen ist und einmal als Herr der Welt wiederkommen wird. So beten und singen wir voller Zuversicht:

Erbarme dich, Herr, über diese Erde,
beende endlich allen Krieg und Streit.
Komm, Friedefürst, damit es Friede werde!
Komm, bau dein Reich, und schaff Gerechtigkeit.

Als Christen glauben wir: Weihnachten ist die eigentliche Zeitenwende, die Sternstunde der Welt, der Beginn eines neuen Zeitalters von Frieden und Gerechtigkeit, auch wenn wir das heute noch nicht sehen.

Und Frieden auf Erden
soll nun wieder werden,
schon bald enden Kriege und Streit.
Bald schweigen die Waffen,
das Kind wird es schaffen:
das Ende von Schmerzen und Leid.

Es ist eine Realität, dass geistliche Lieder mehr zur Verbreitung und Verinnerlichung biblischer und geistlicher Wahrheiten beigetragen haben als Tausende Predigten und ganze Bibliotheken theologischer Werke. In diesem Sinne möchte ich dazu ermutigen, die Weihnachtsbotschaft von der Geburt Jesu, dem Retter der Welt, den Menschen ins Herz zu singen.

Werner Hoffmann, im Juni 2023

Niemals war die Nacht so dunkel

Jesaja 8,22-23 / Jesaja 9,1-5

Text und Musik: Werner Arthur Hoffmann
Chorsatz: Heinz-Helmut Jost

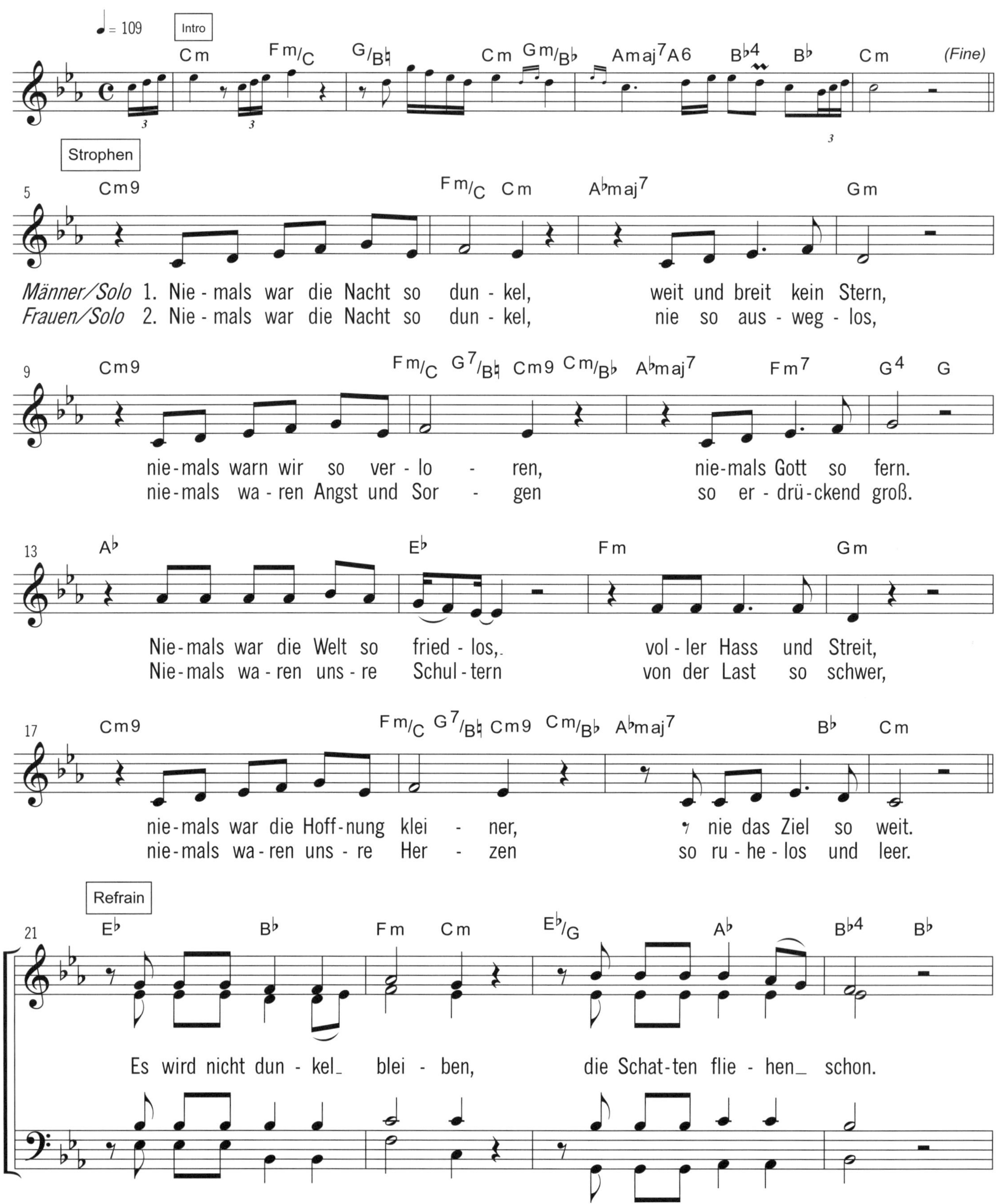

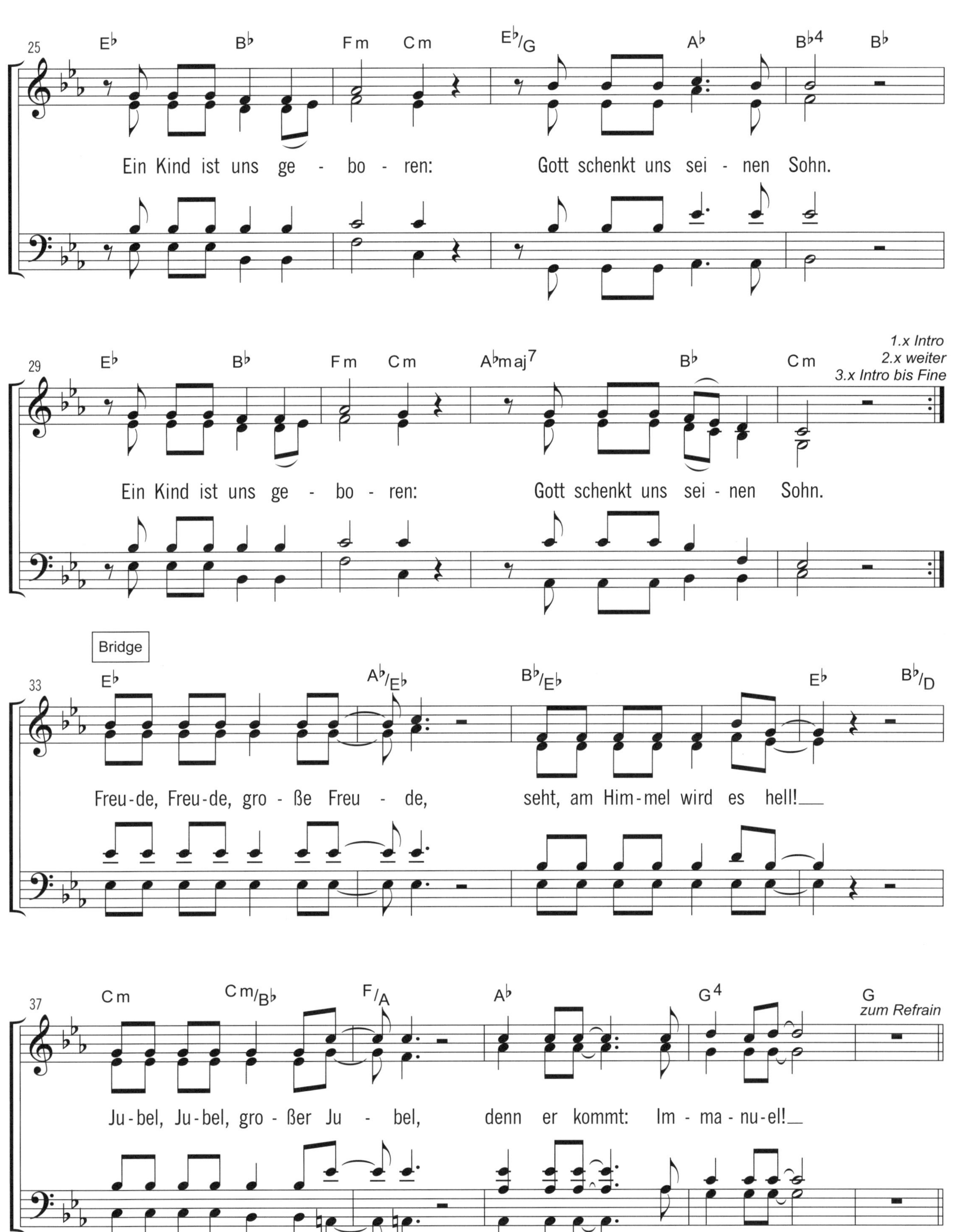
25
E♭ B♭ Fm Cm E♭/G A♭ B♭4 B♭
Ein Kind ist uns ge - bo - ren: Gott schenkt uns sei - nen Sohn.
29
E♭ B♭ Fm Cm A♭maj7 B♭ Cm
1.x Intro
2.x weiter
3.x Intro bis Fine
Ein Kind ist uns ge - bo - ren: Gott schenkt uns sei - nen Sohn.
Bridge
33
E♭ A♭/E♭ B♭/E♭ E♭ B♭/D
Freu - de, Freu - de, gro - ße Freu - de, seht, am Him - mel wird es hell!
37
Cm Cm/B♭ F/A A♭ G4 G
zum Refrain
Ju - bel, Ju - bel, gro - ßer Ju - bel, denn er kommt: Im - ma - nu - el!

Niemals war die Nacht so dunkel

… denn sie sind im Dunkel der Angst und gehen irre im Finstern. Doch es wird nicht dunkel bleiben über denen, die in Angst sind *(Jesaja 8,22–23).*

Das Volk, das im Finstern wandelt, sieht ein großes Licht, und über denen, die da wohnen im finstern Lande, scheint es hell. Du weckst lauten Jubel, du machst groß die Freude. Vor dir freut man sich, wie man sich freut in der Ernte, wie man fröhlich ist, wenn man Beute austeilt. Denn du hast ihr drückendes Joch, die Jochstange auf ihrer Schulter und den Stecken ihres Treibers zerbrochen wie am Tage Midians. Denn jeder Stiefel, der mit Gedröhn dahergeht, und jeder Mantel, durch Blut geschleift, wird verbrannt und vom Feuer verzehrt. Denn uns ist ein Kind geboren, ein Sohn ist uns gegeben, und die Herrschaft ist auf seiner Schulter *(Jesaja 9,1–5).*

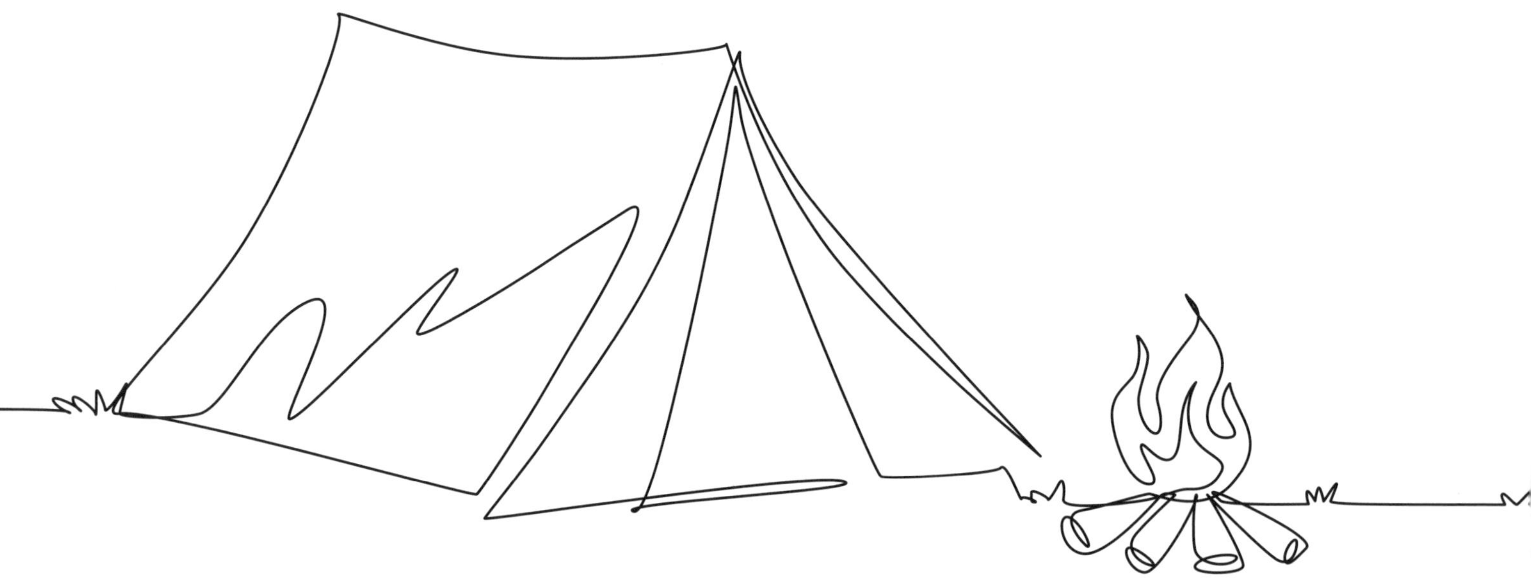

Du bist Immanuel

Denn uns ist ein Kind geboren! Ein Sohn ist uns geschenkt! Er wird die Herrschaft übernehmen. Man nennt ihn „Wunderbarer Ratgeber“, „Starker Gott“, „Ewiger Vater“, „Friedensfürst“. Er wird seine Herrschaft weit ausdehnen und dauerhaften Frieden bringen. Auf dem Thron Davids wird er regieren und sein Reich auf Recht und Gerechtigkeit gründen, jetzt und für alle Zeit. Der Herr, der allmächtige Gott, wird dies eintreffen lassen, leidenschaftlich verfolgt er sein Ziel *(Jesaja 9,5–6; Hfa)*.

Darum wird euch der Herr selbst ein Zeichen geben: Siehe, eine Jungfrau ist schwanger und wird einen Sohn gebären, den wird sie nennen Immanuel *(Jesaja 7,14)*.

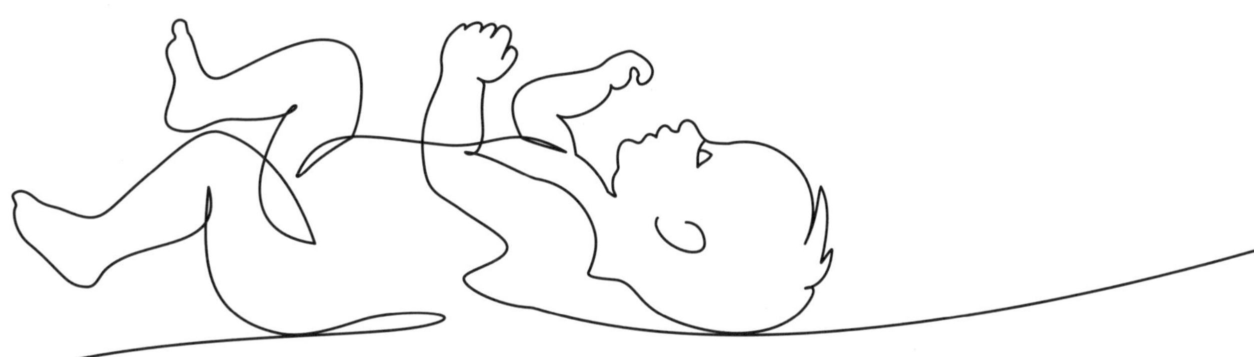

Du bist Immanuel

Jesaja 9,5-6 / Jesaja 7,14

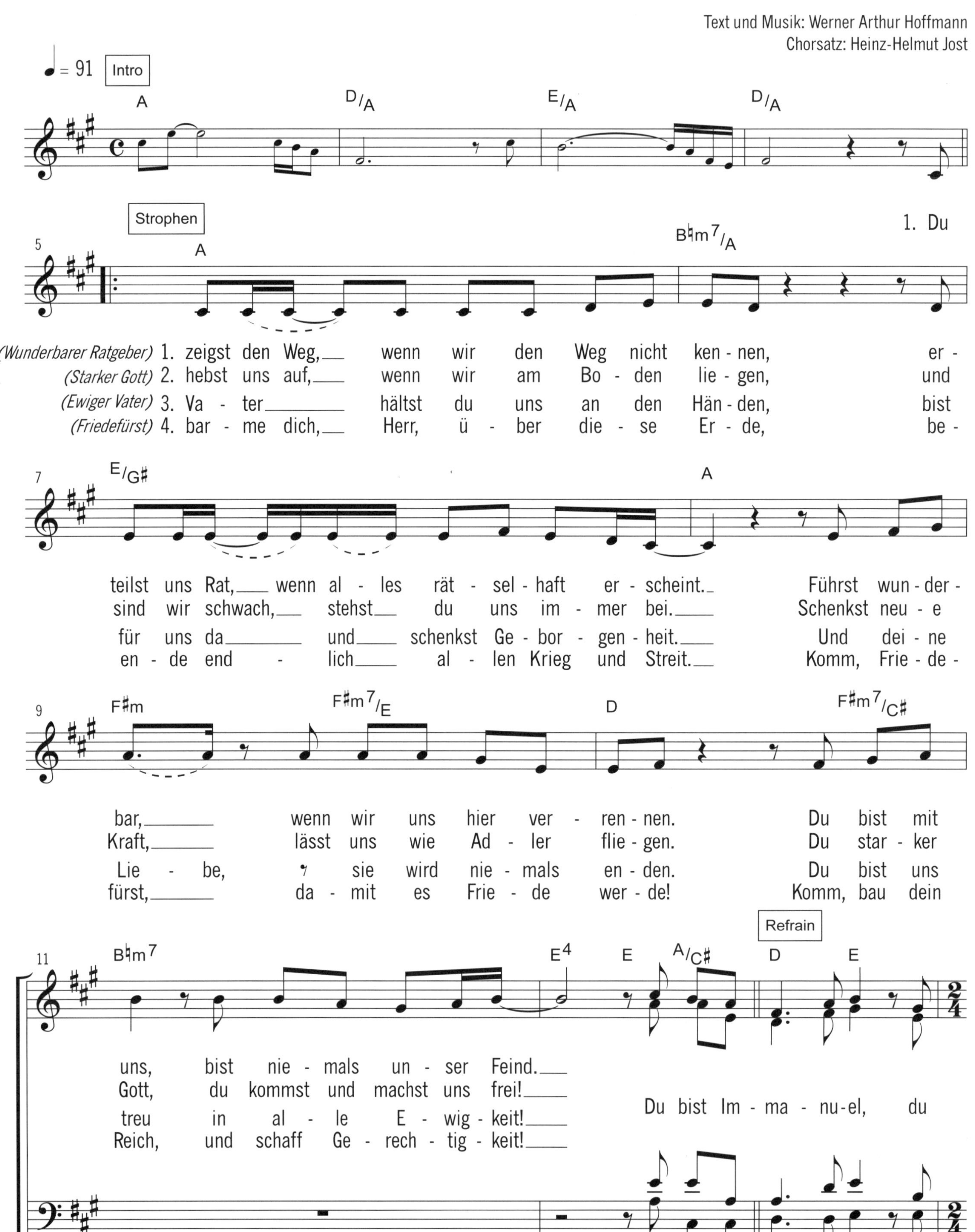

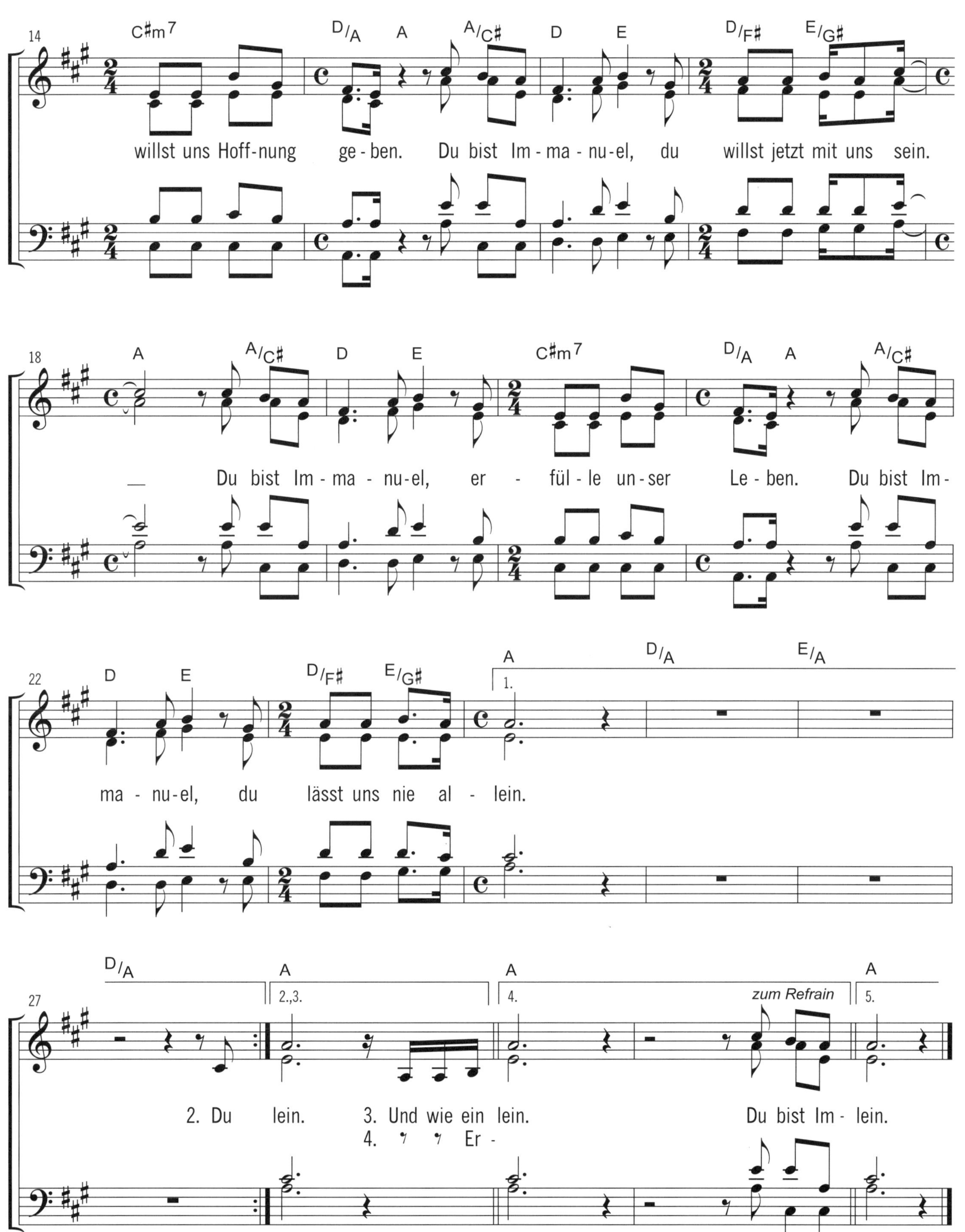
14
C♯m7
D/A
A
A/C♯
D
E
D/F♯
E/G♯
willst uns Hoff-nung ge-ben. Du bist Im-ma-nu-el, du willst jetzt mit uns sein.
18
A
A/C♯
D
E
C♯m7
D/A
A
A/C♯
Du bist Im-ma-nu-el, er - fül-le un-ser Le-ben. Du bist Im-
22
D
E
D/F♯
E/G♯
A
D/A
E/A
1.
ma - nu-el, du lässt uns nie al - lein.
27
D/A
A
2.,3.
A
4.
zum Refrain
A
5.
2. Du lein. 3. Und wie ein lein. Du bist Im- lein.
4. Er -

Bethlehem

Micha 5,1

Text und Musik: Werner Arthur Hoffmann
Chorsatz: Heinz-Helmut Jost

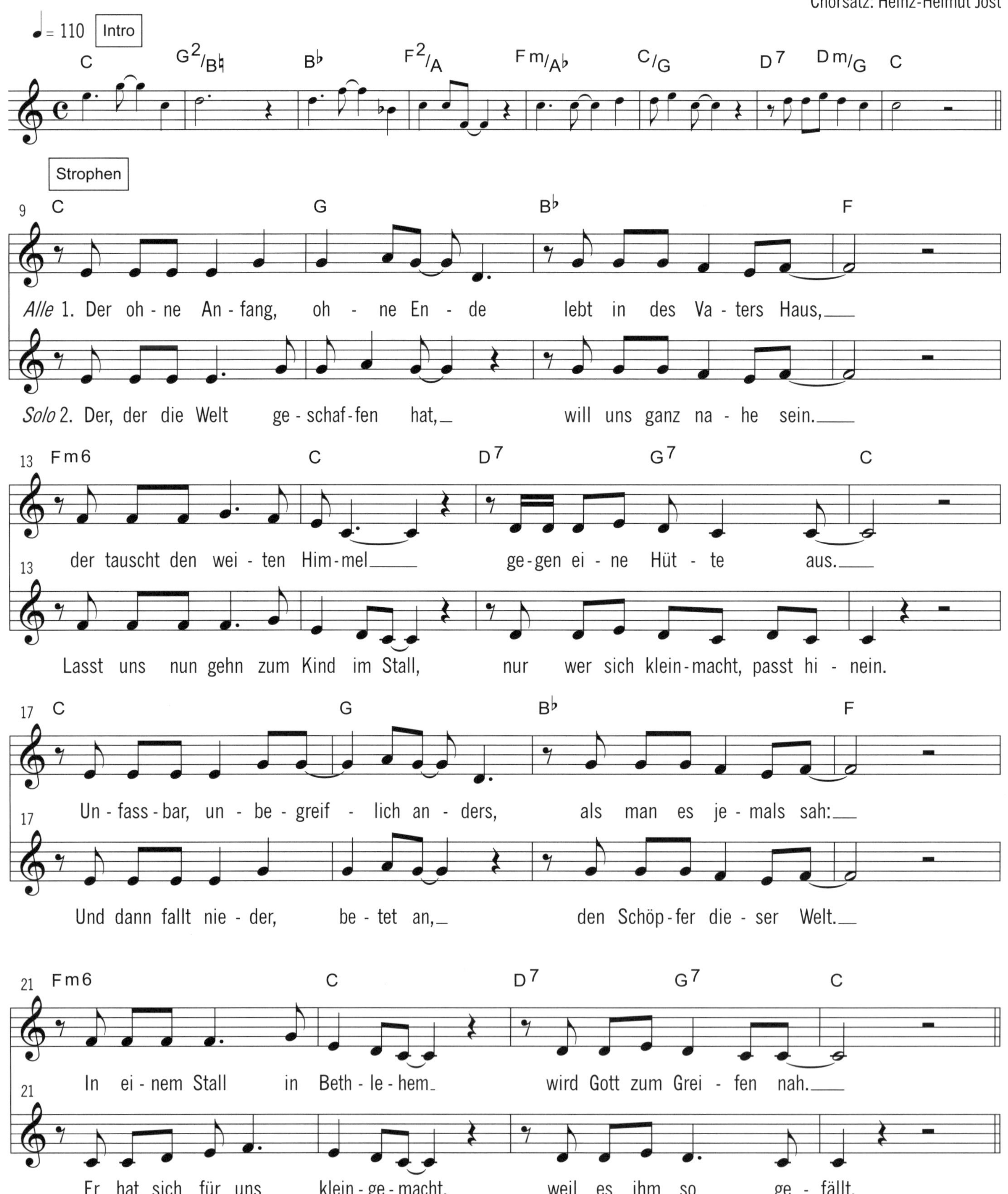

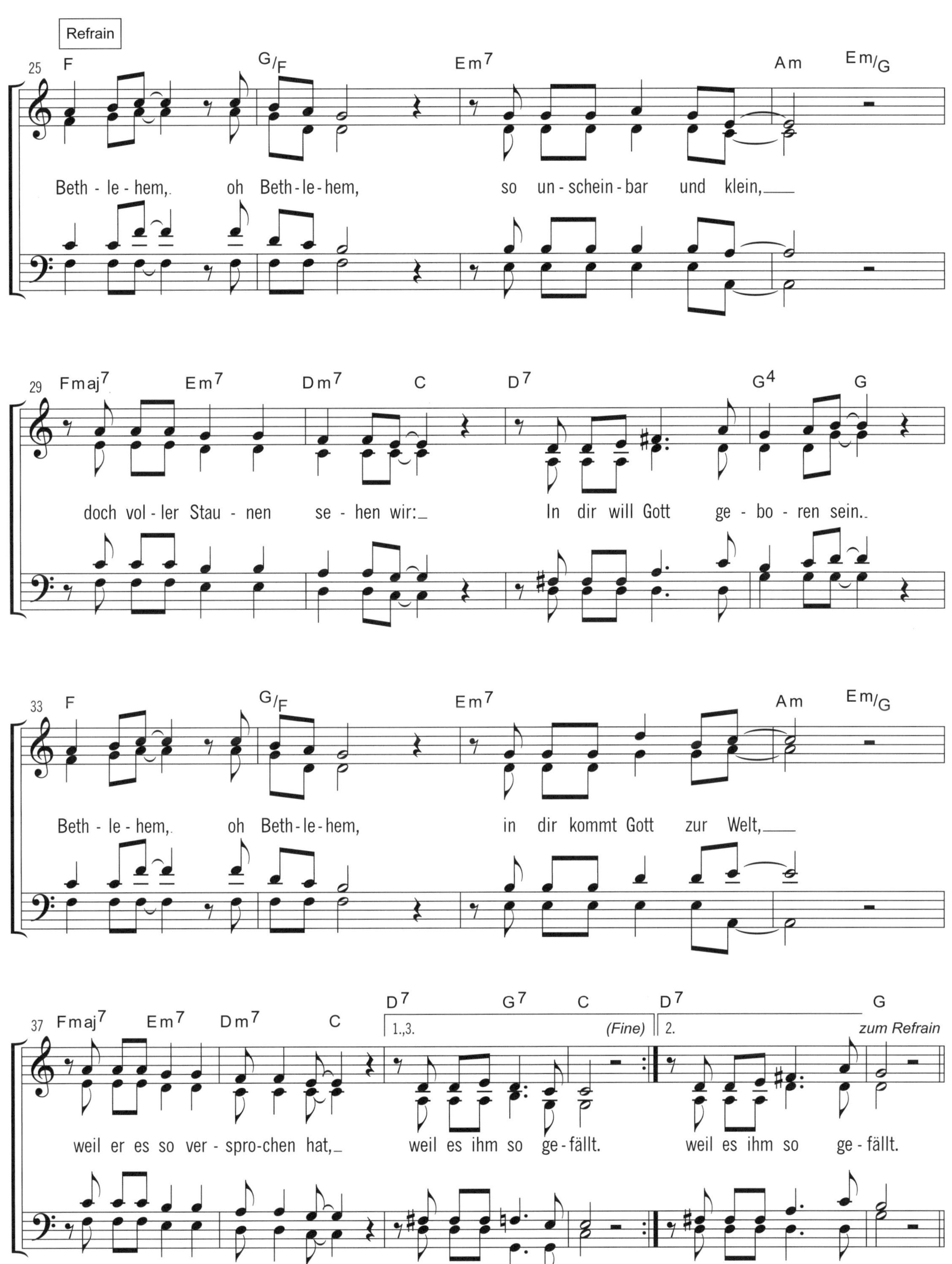
Refrain
25
F
G/F
Em7
Am
Em/G
Beth - le - hem, oh Beth - le - hem, so un - schein - bar und klein,
29
Fmaj7
Em7
Dm7
C
D7
G4
G
doch vol - ler Stau - nen se - hen wir: In dir will Gott ge - bo - ren sein.
33
F
G/F
Em7
Am
Em/G
Beth - le - hem, oh Beth - le - hem, in dir kommt Gott zur Welt,
37
Fmaj7
Em7
Dm7
C
D7
G7
C
D7
G
1.,3.
(Fine)
2.
zum Refrain
weil er es so ver - spro - chen hat, weil es ihm so ge - fällt. weil es ihm so ge - fällt.

Bethlehem

Und du, Bethlehem Efrata, die du klein bist unter den Tausenden in Juda, aus dir soll mir der kommen, der in Israel Herr sei, dessen Ausgang von Anfang und von Ewigkeit her gewesen ist *(Micha 5,1)*.

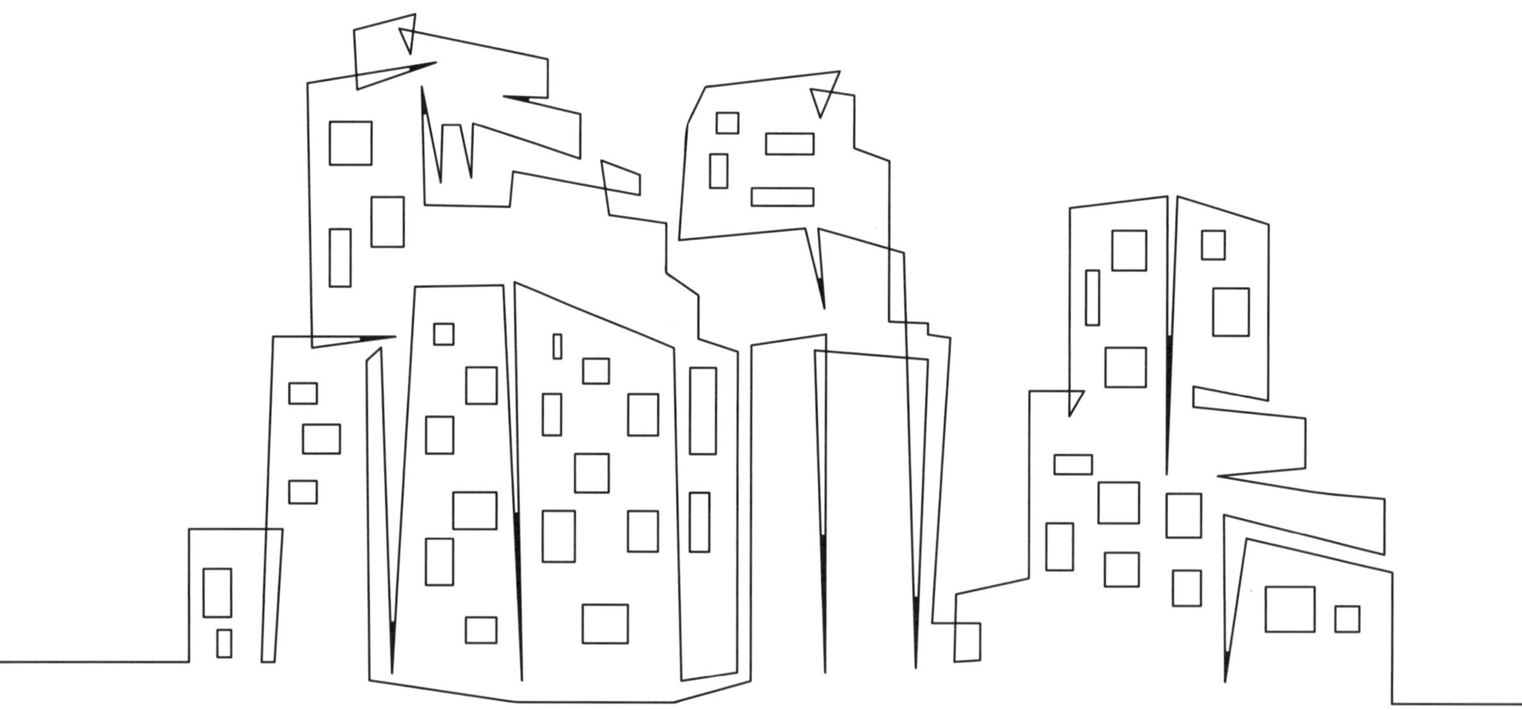

Immanuel

„Siehe, eine Jungfrau wird schwanger sein und einen Sohn gebären, und sie werden ihm den Namen Immanuel geben", das heißt übersetzt: Gott mit uns *(Matthäus 1,23)*.

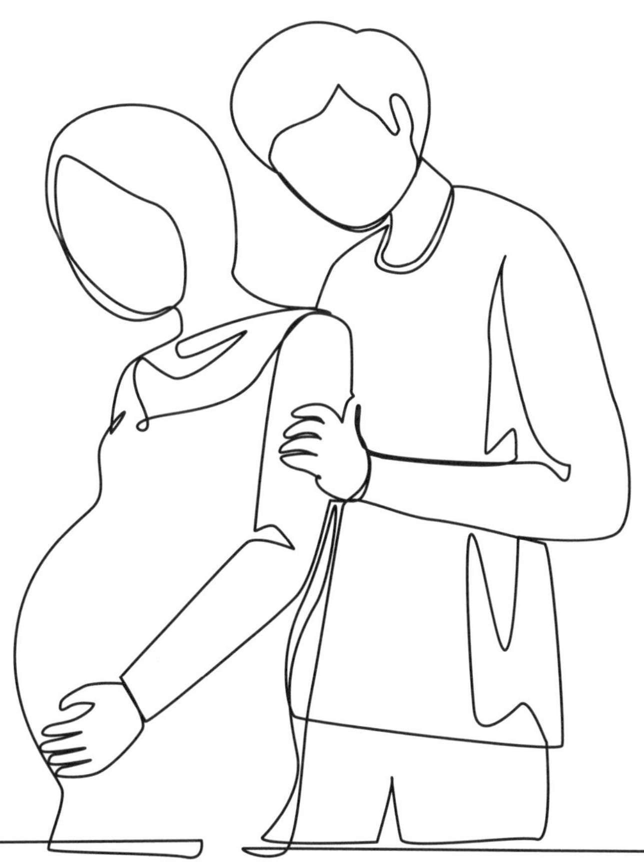

Immanuel

Matthäus 1,23

Text und Musik: Werner Arthur Hoffmann
Chorsatz: Jochen Rieger

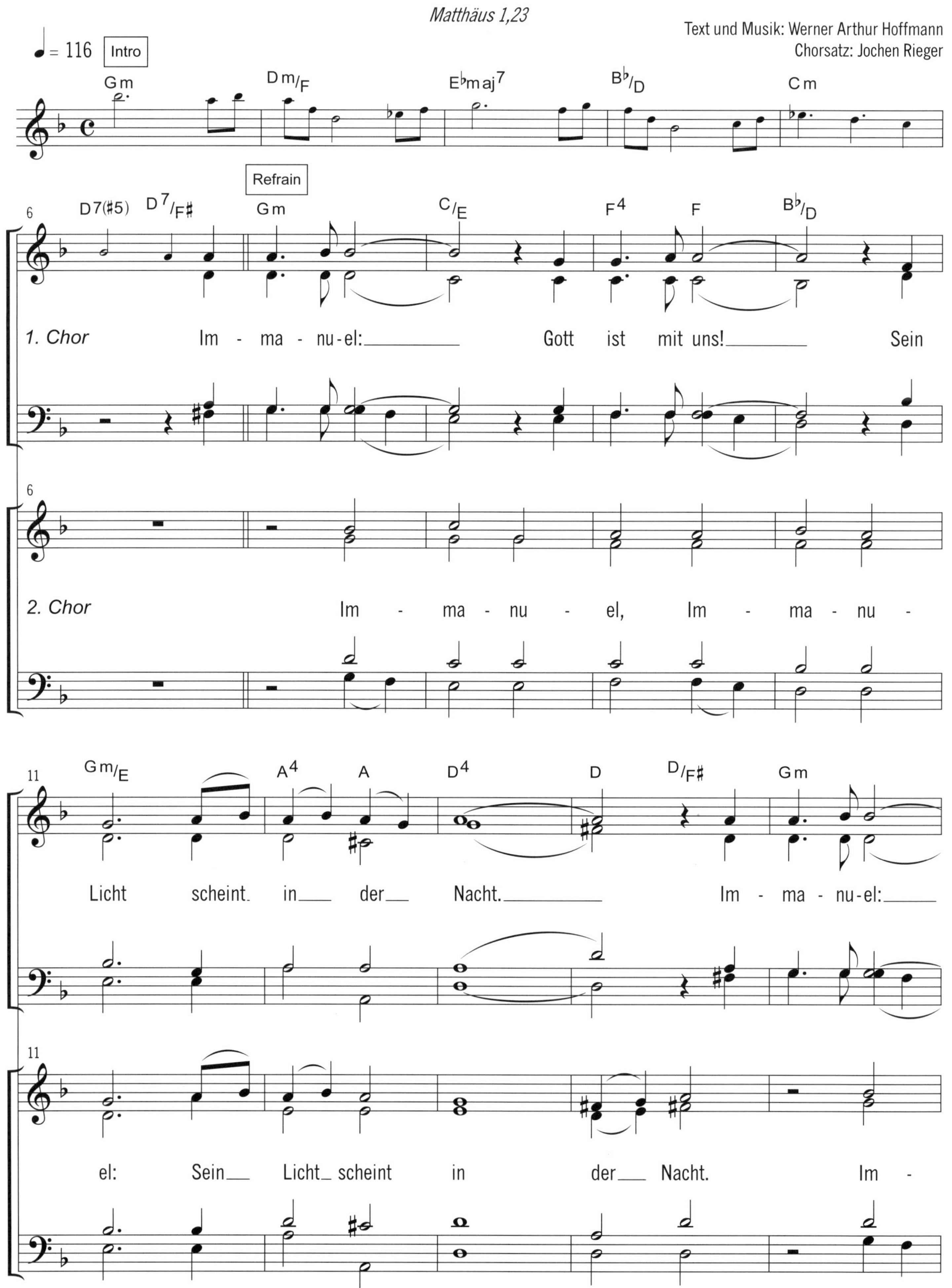

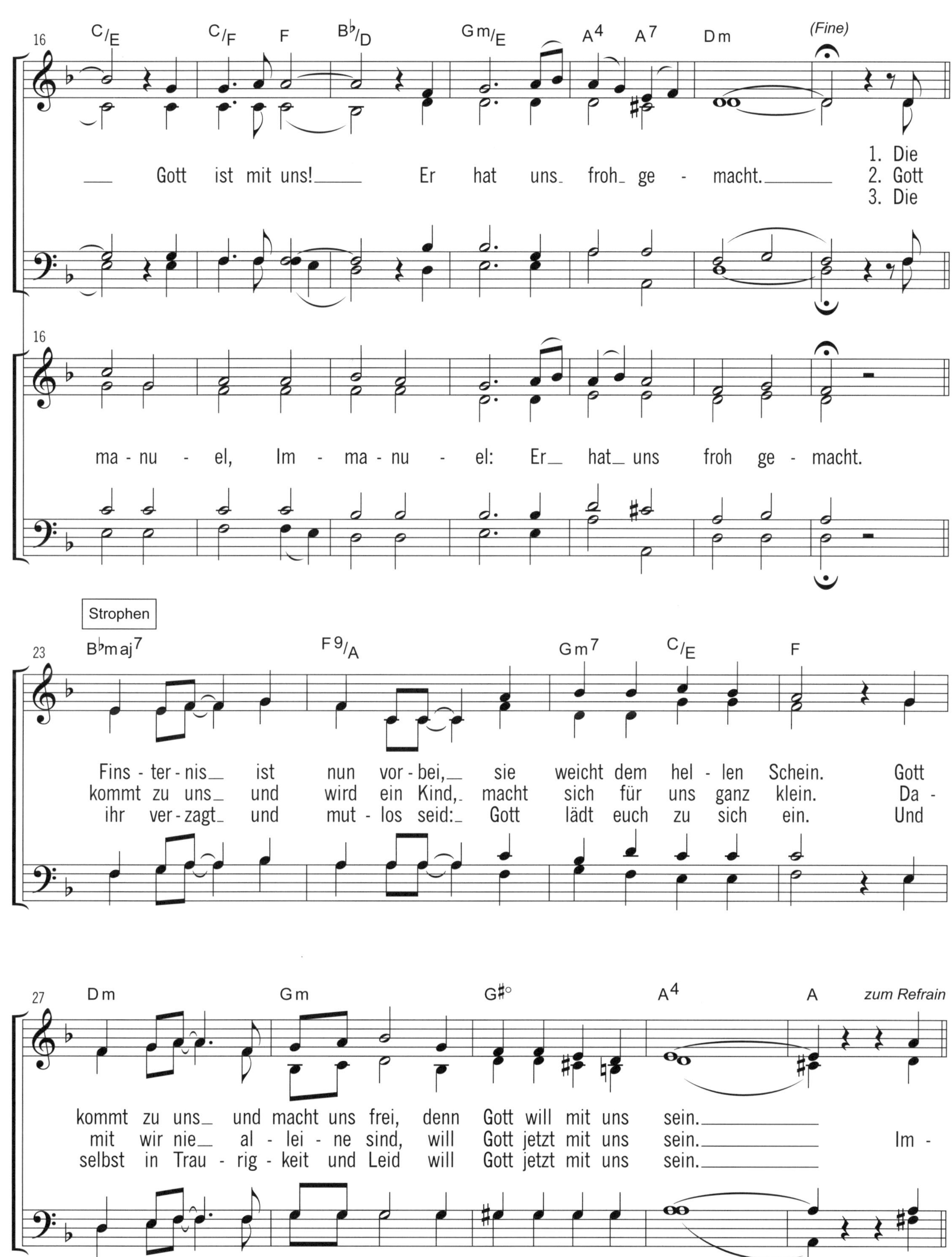
16
C/E
C/F
F
B♭/D
Gm/E
A4
A7
Dm
(Fine)
Gott ist mit uns! Er hat uns froh ge - macht.
1. Die
2. Gott
3. Die
16
ma - nu - el, Im - ma - nu - el: Er hat uns froh ge - macht.
Strophen
23
B♭maj7
F9/A
Gm7
C/E
F
Fins - ter - nis ist nun vor - bei, sie weicht dem hel - len Schein. Gott
kommt zu uns und wird ein Kind, macht sich für uns ganz klein. Da -
ihr ver - zagt und mut - los seid: Gott lädt euch zu sich ein. Und
27
Dm
Gm
G♯°
A4
A
zum Refrain
kommt zu uns und macht uns frei, denn Gott will mit uns sein.
mit wir nie al - lei - ne sind, will Gott jetzt mit uns sein. Im -
selbst in Trau - rig - keit und Leid will Gott jetzt mit uns sein.

Werde in mir geboren (Magnificat)

Denn bei Gott ist kein Ding unmöglich. Maria aber sprach: Siehe, ich bin des Herrn Magd; mir geschehe, wie du gesagt hast. Und der Engel schied von ihr *(Lukas 1,37–38).*

Da begann Maria, Gott zu loben: „Von ganzem Herzen preise ich den Herrn. Ich freue mich über Gott, meinen Retter. Mir, seiner Dienerin, hat er Beachtung geschenkt, und das, obwohl ich gering und unbedeutend bin. Von jetzt an und zu allen Zeiten wird man mich glücklich preisen, denn Gott hat große Dinge an mir getan, er, der mächtig und heilig ist! Seine Barmherzigkeit bleibt für immer und ewig, sie gilt allen Menschen, die in Ehrfurcht vor ihm leben. Er streckt seinen starken Arm aus und fegt die Hochmütigen mit ihren stolzen Plänen hinweg. Er stürzt Herrscher von ihrem Thron, Unterdrückte aber richtet er auf. Die Hungrigen beschenkt er mit Gütern, und die Reichen schickt er mit leeren Händen weg. Seine Barmherzigkeit hat er uns, seinen Dienern, zugesagt, ja, er wird seinem Volk Israel helfen. Er hat es unseren Vorfahren versprochen, Abraham und seinen Nachkommen hat er es für immer zugesagt“ (*Lukas 1,46–55; Hfa*).

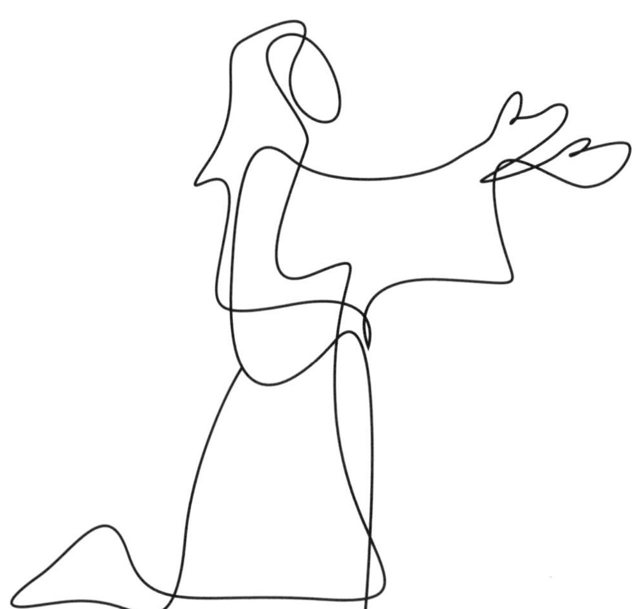

Werde in mir geboren (Magnificat)

Lukas 1,37-38 / Lukas 1, 46-55

Text und Musik: Werner Arthur Hoffmann
Chorsatz: Heinz-Helmut Jost

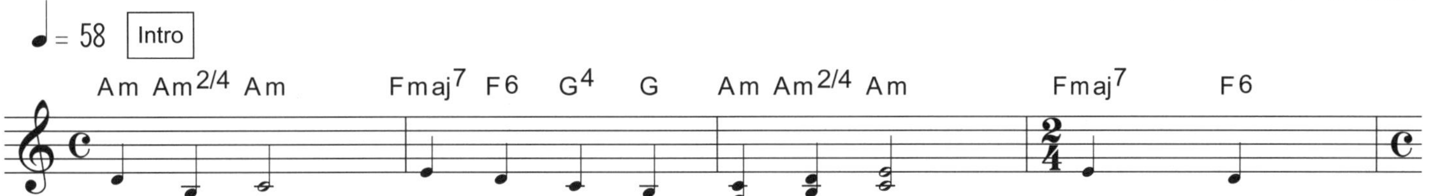

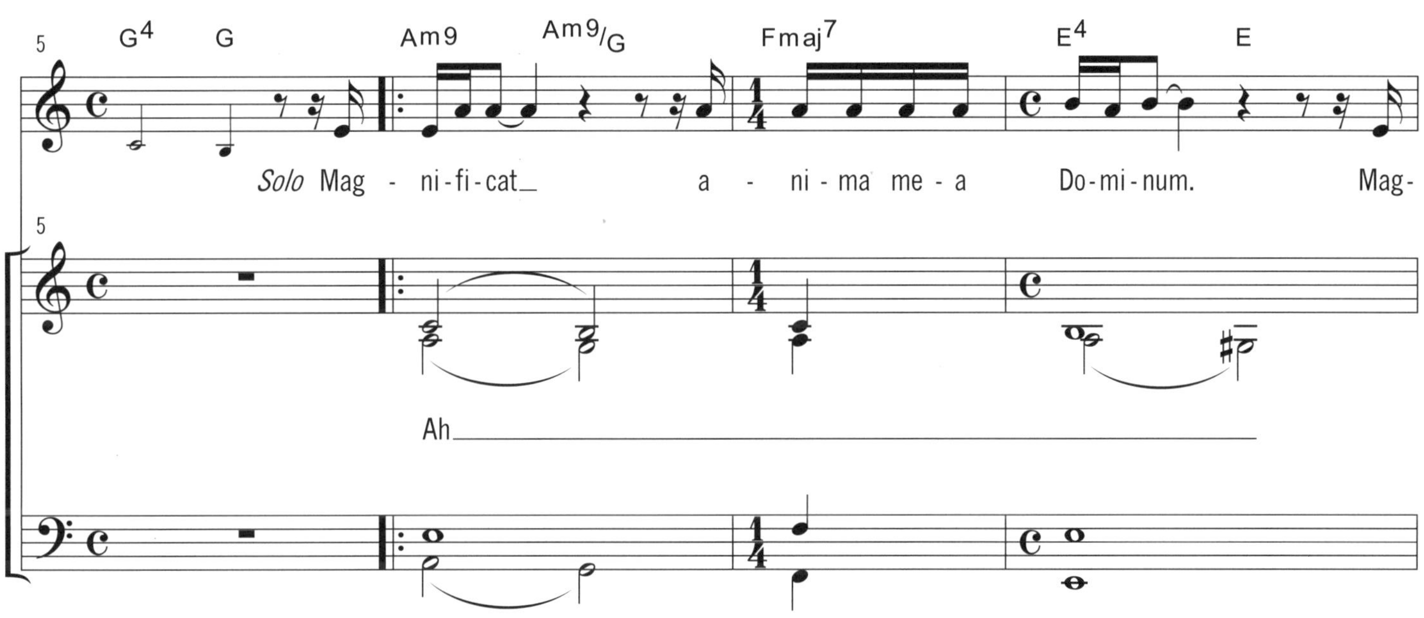

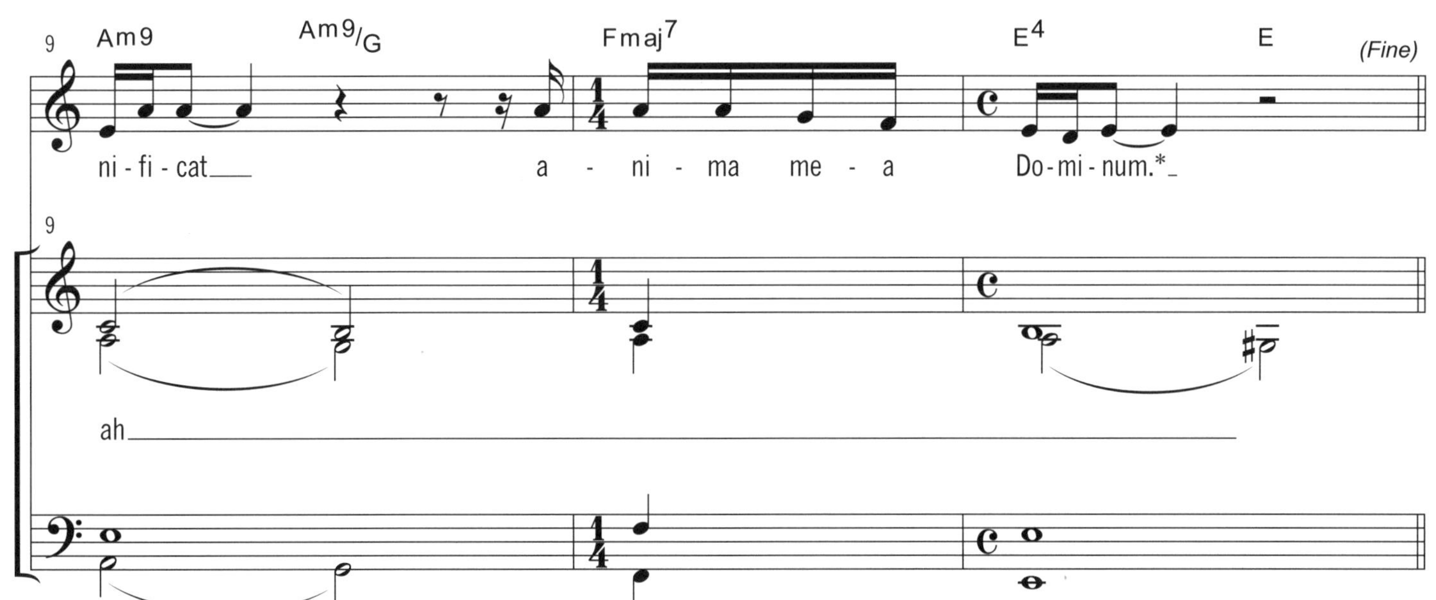

*Meine Seele erhebt den Herrn

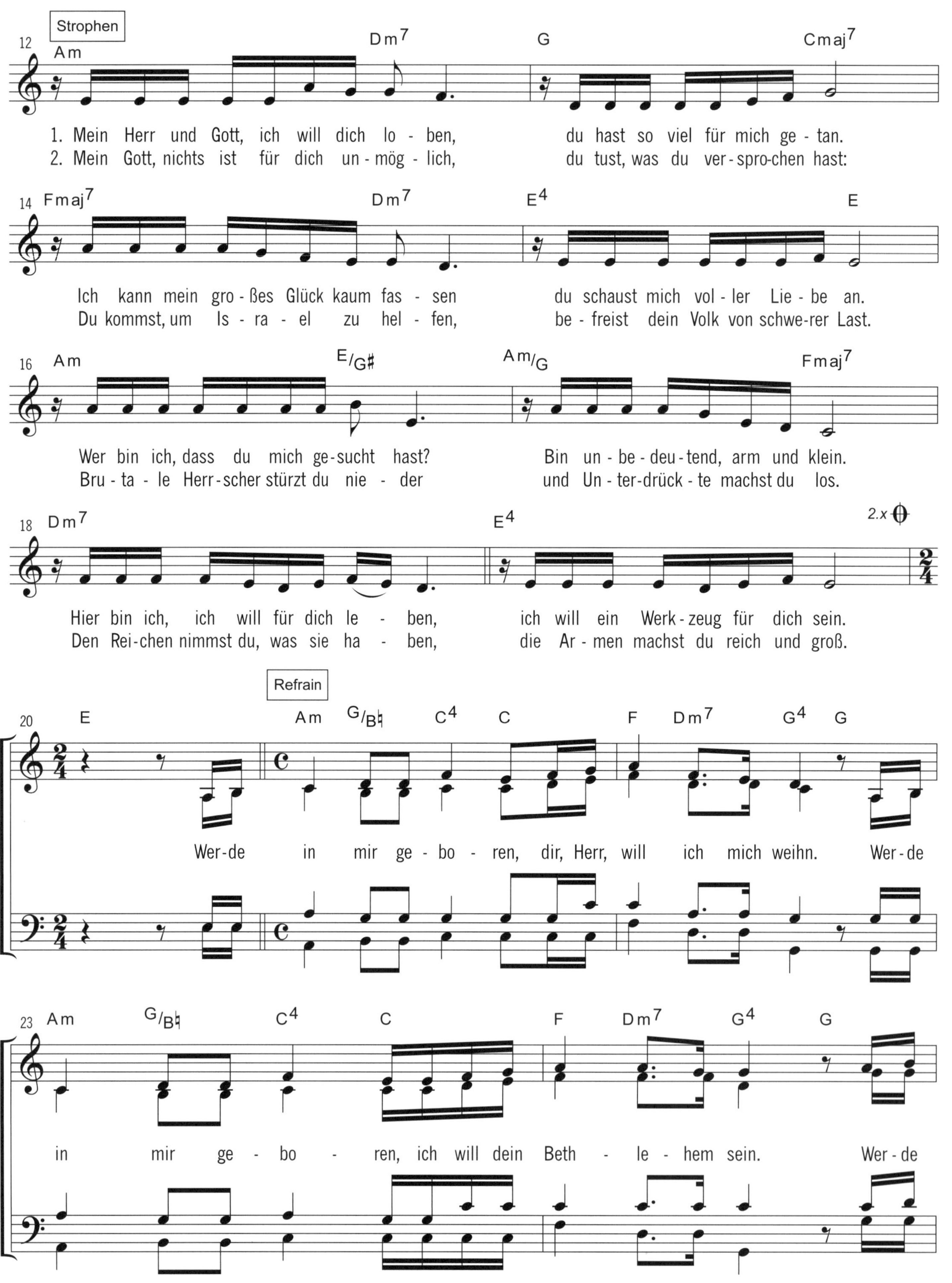
Strophen
12
Am
Dm7
G
Cmaj7
1. Mein Herr und Gott, ich will dich lo - ben, du hast so viel für mich ge - tan.
2. Mein Gott, nichts ist für dich un - mög - lich, du tust, was du ver - spro-chen hast:
14
Fmaj7
Dm7
E4
E
Ich kann mein gro - ßes Glück kaum fas - sen du schaust mich vol - ler Lie - be an.
Du kommst, um Is - ra - el zu hel - fen, be - freist dein Volk von schwe-rer Last.
16
Am
E/G♯
Am/G
Fmaj7
Wer bin ich, dass du mich ge-sucht hast? Bin un - be - deu - tend, arm und klein.
Bru - ta - le Herr-scher stürzt du nie - der und Un - ter-drück - te machst du los.
18
Dm7
E4
2.x
Hier bin ich, ich will für dich le - ben, ich will ein Werk - zeug für dich sein.
Den Rei-chen nimmst du, was sie ha - ben, die Ar - men machst du reich und groß.
Refrain
20
E
Am
G/B♮
C4
C
F
Dm7
G4
G
Wer-de in mir ge - bo - ren, dir, Herr, will ich mich weihn. Wer-de
23
Am
G/B♮
C4
C
F
Dm7
G4
G
in mir ge - bo - ren, ich will dein Beth - le - hem sein. Wer - de

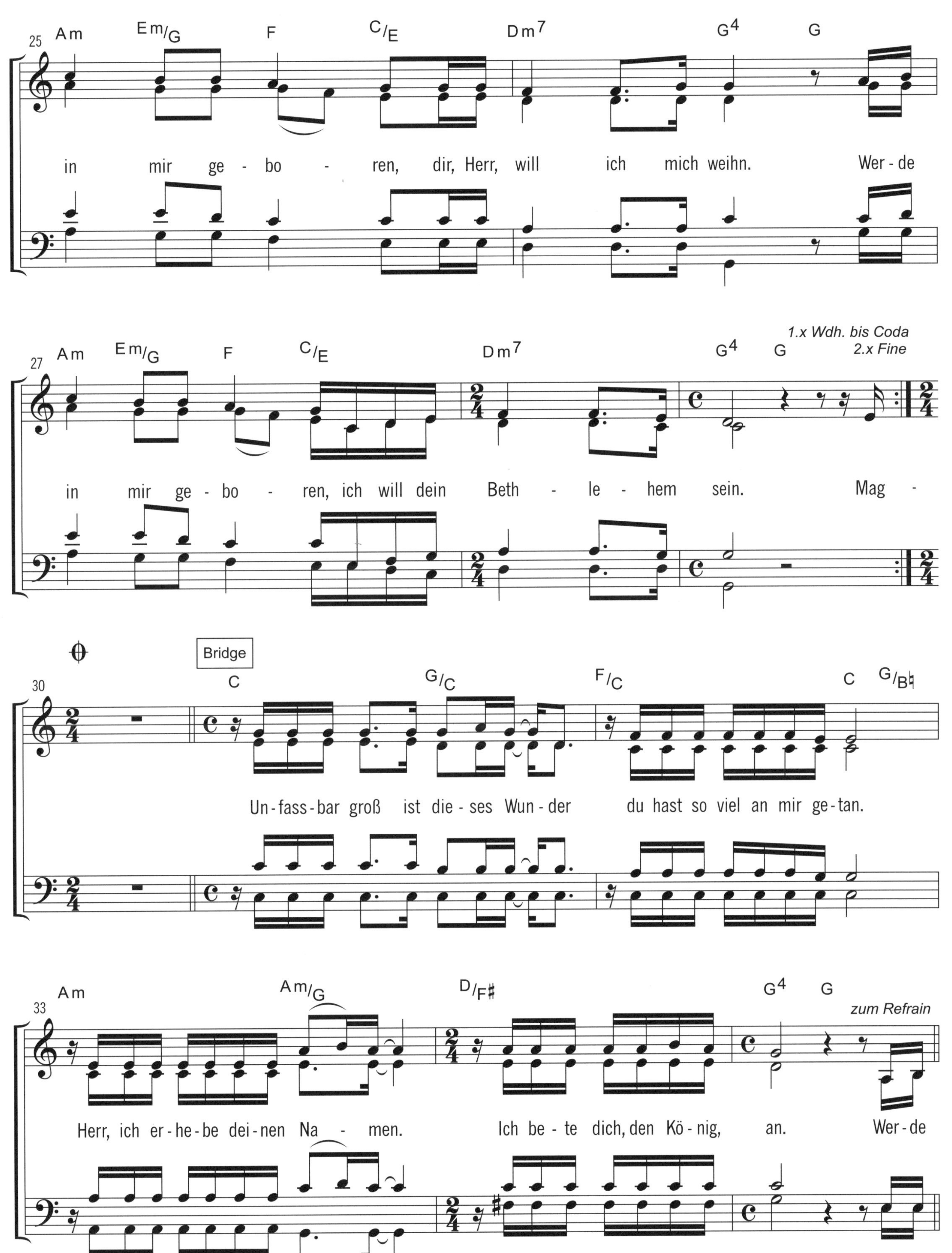
25
Am
Em/G
F
C/E
Dm7
G4
G
in mir ge - bo - ren, dir, Herr, will ich mich weihn. Wer - de
27
Am
Em/G
F
C/E
Dm7
G4
G
1.x Wdh. bis Coda
2.x Fine
in mir ge - bo - ren, ich will dein Beth - le - hem sein. Mag -
Bridge
30
C
G/C
F/C
C
G/B♮
Un - fass - bar groß ist die - ses Wun - der du hast so viel an mir ge - tan.
33
Am
Am/G
D/F♯
G4
G
zum Refrain
Herr, ich er - he - be dei - nen Na - men. Ich be - te dich, den Kö - nig, an. Wer - de

Ein Lied

Lukas 2,8-12

Text und Musik: Werner Arthur Hoffmann
Chorsatz: Heinz-Helmut Jost

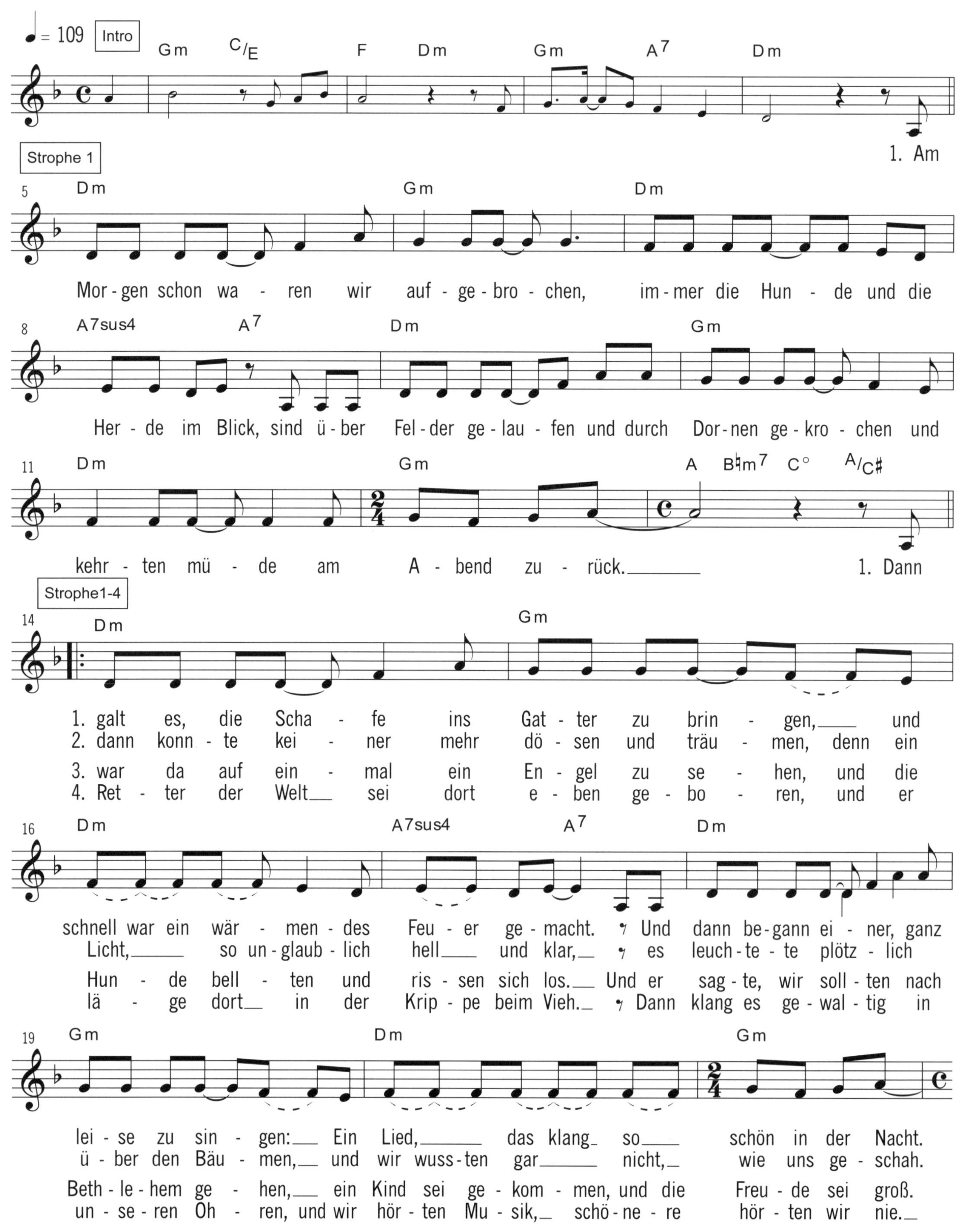

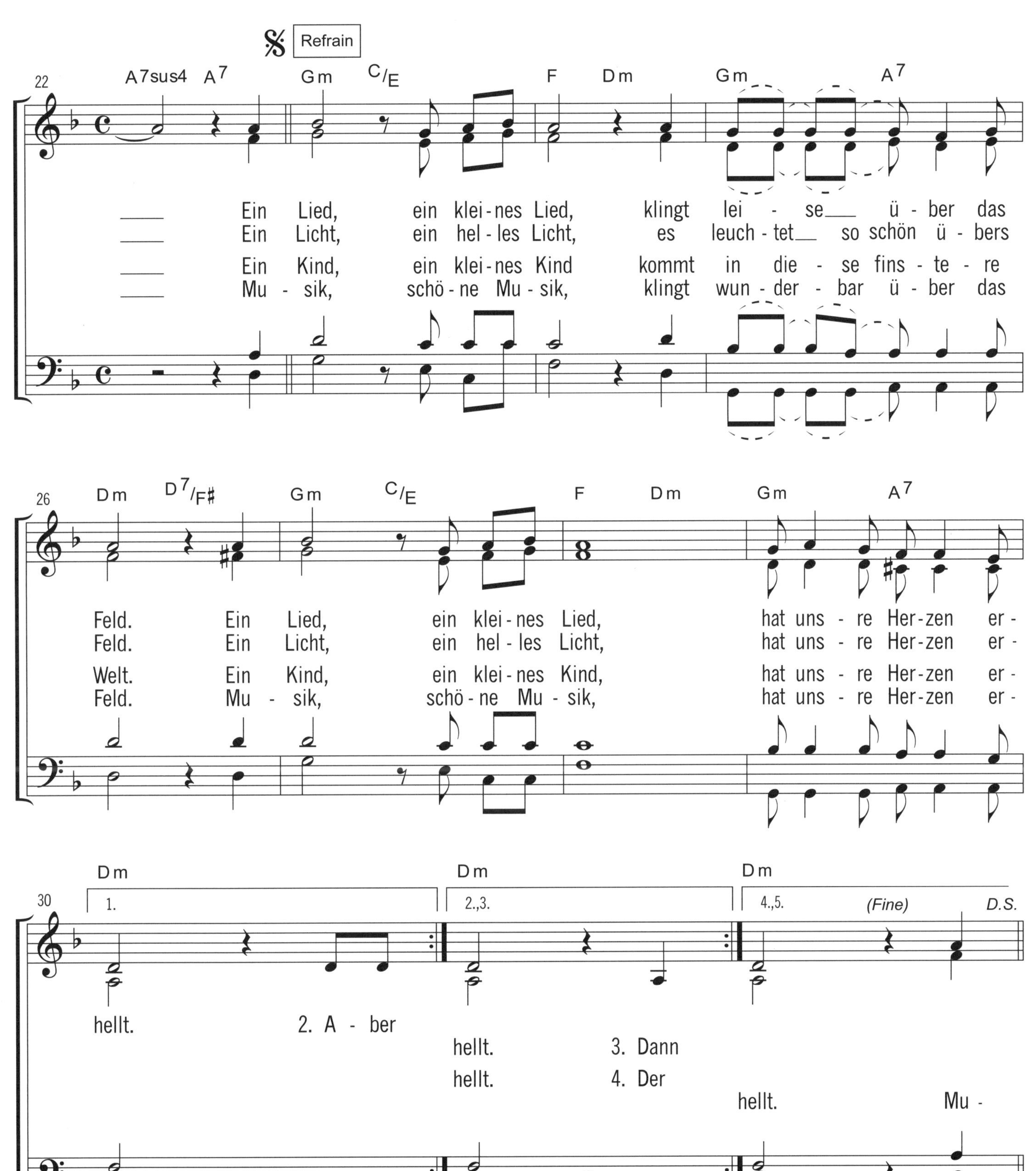
Refrain
22
A7sus4 A7 Gm C/E F Dm Gm A7
Ein Lied, ein klei-nes Lied, klingt lei - se ü - ber das
Ein Licht, ein hel-les Licht, es leuch-tet so schön ü - bers
Ein Kind, ein klei-nes Kind kommt in die - se fins - te - re
Mu - sik, schö-ne Mu - sik, klingt wun - der - bar ü - ber das
26
Dm D7/F# Gm C/E F Dm Gm A7
Feld. Ein Lied, ein klei-nes Lied, hat uns - re Her-zen er -
Feld. Ein Licht, ein hel-les Licht, hat uns - re Her-zen er -
Welt. Ein Kind, ein klei-nes Kind, hat uns - re Her-zen er -
Feld. Mu - sik, schö-ne Mu - sik, hat uns - re Her-zen er -
30
Dm Dm Dm
1. 2.,3. 4.,5. (Fine) D.S.
hellt. 2. A - ber
hellt. 3. Dann
hellt. 4. Der
hellt. Mu -

Ein Lied

Und es waren Hirten in derselben Gegend auf dem Felde bei den Hürden, die hüteten des Nachts ihre Herde. Und des Herrn Engel trat zu ihnen, und die Klarheit des Herrn leuchtete um sie; und sie fürchteten sich sehr. Und der Engel sprach zu ihnen: Fürchtet euch nicht! Siehe, ich verkündige euch große Freude, die allem Volk widerfahren wird; denn euch ist heute der Heiland geboren, welcher ist Christus, der Herr, in der Stadt Davids. Und das habt zum Zeichen: Ihr werdet finden das Kind in Windeln gewickelt und in einer Krippe liegen *(Lukas 2,8–12)*.

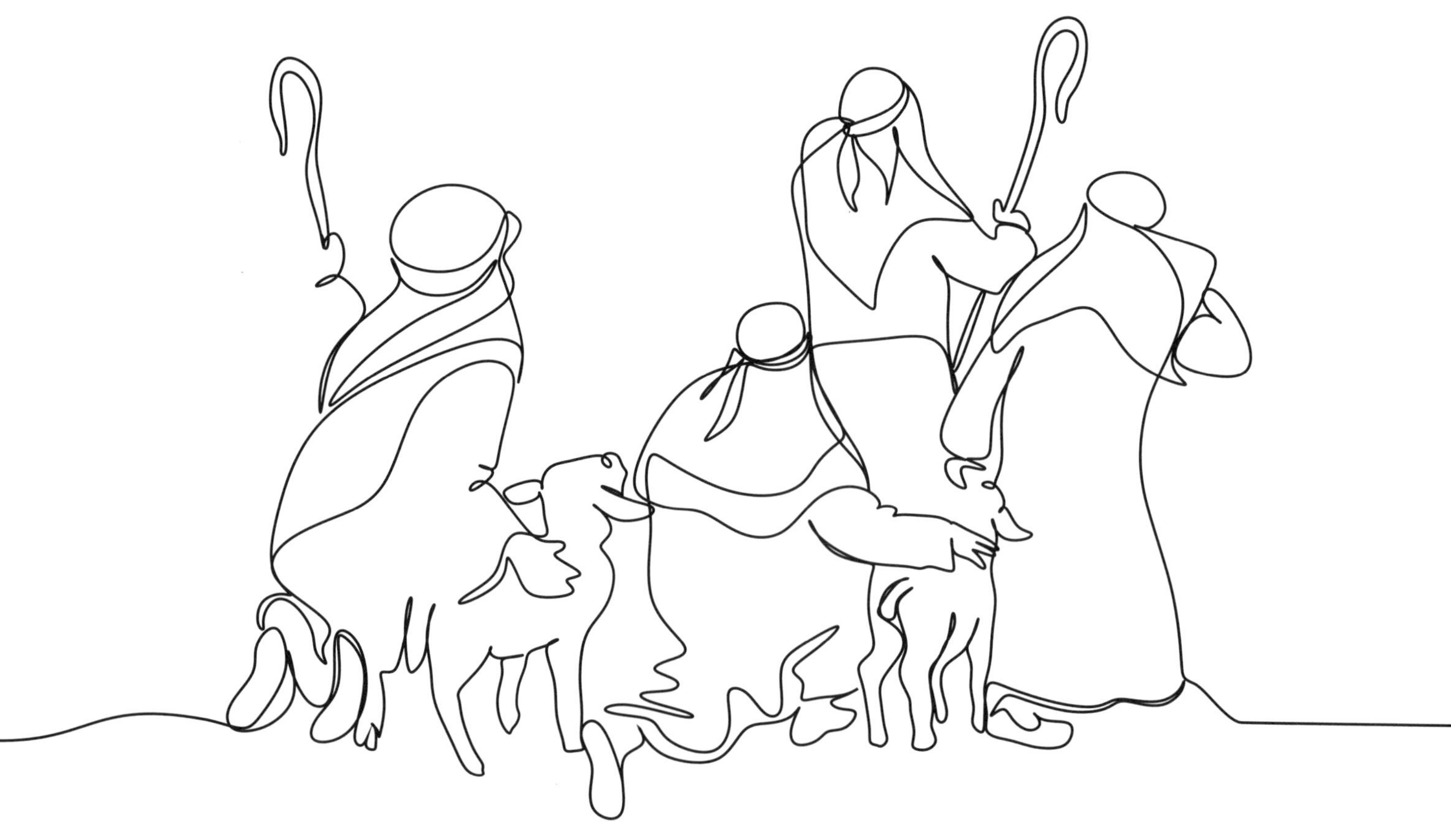

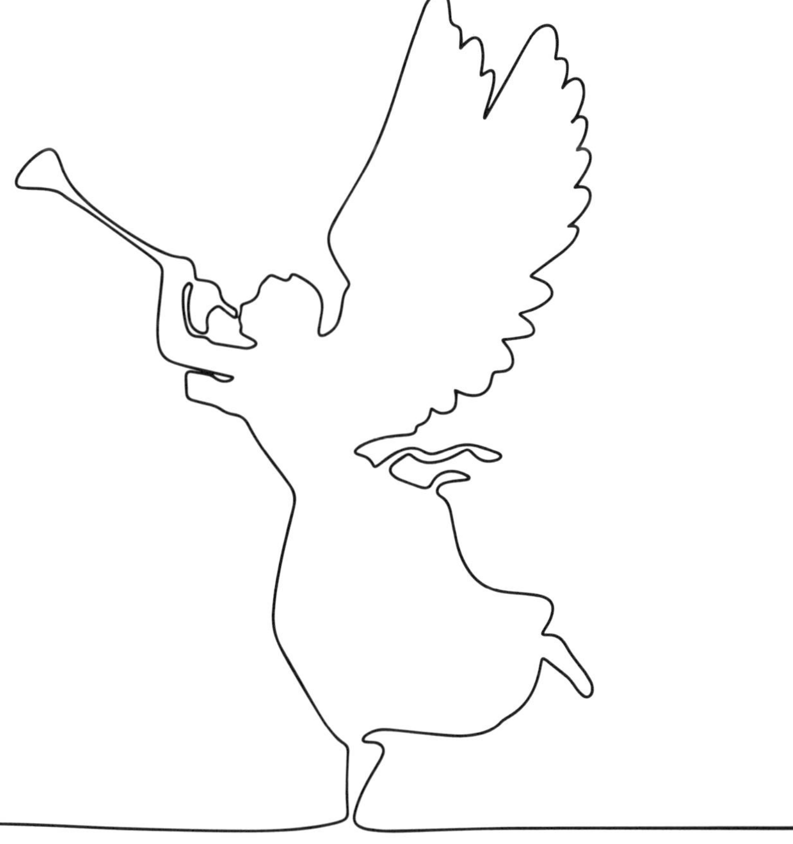

Tief in der Nacht

Text: Erich Remmers
Musik: Werner Arthur Hoffmann
Chorsatz: Heinz-Helmut Jost

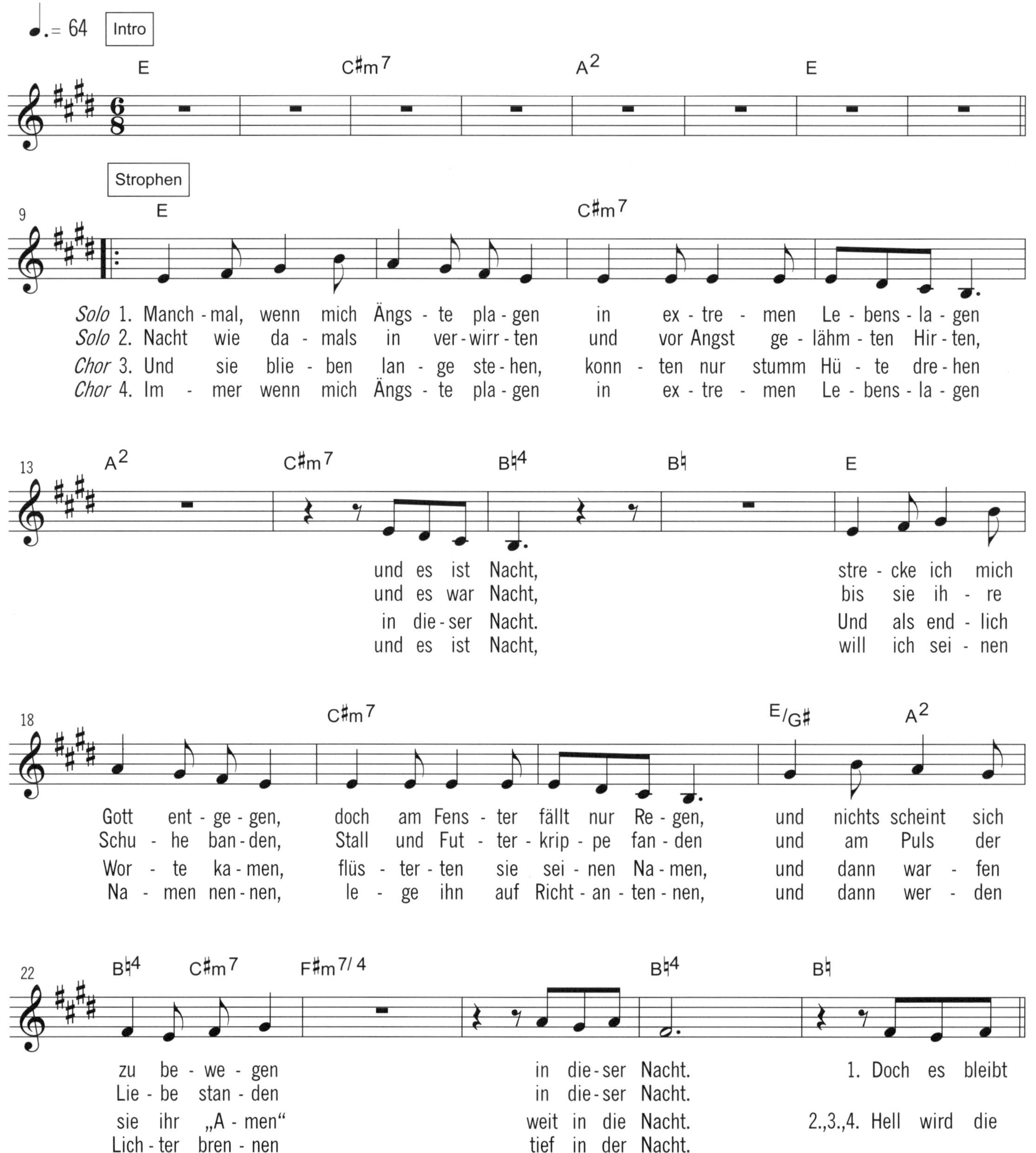

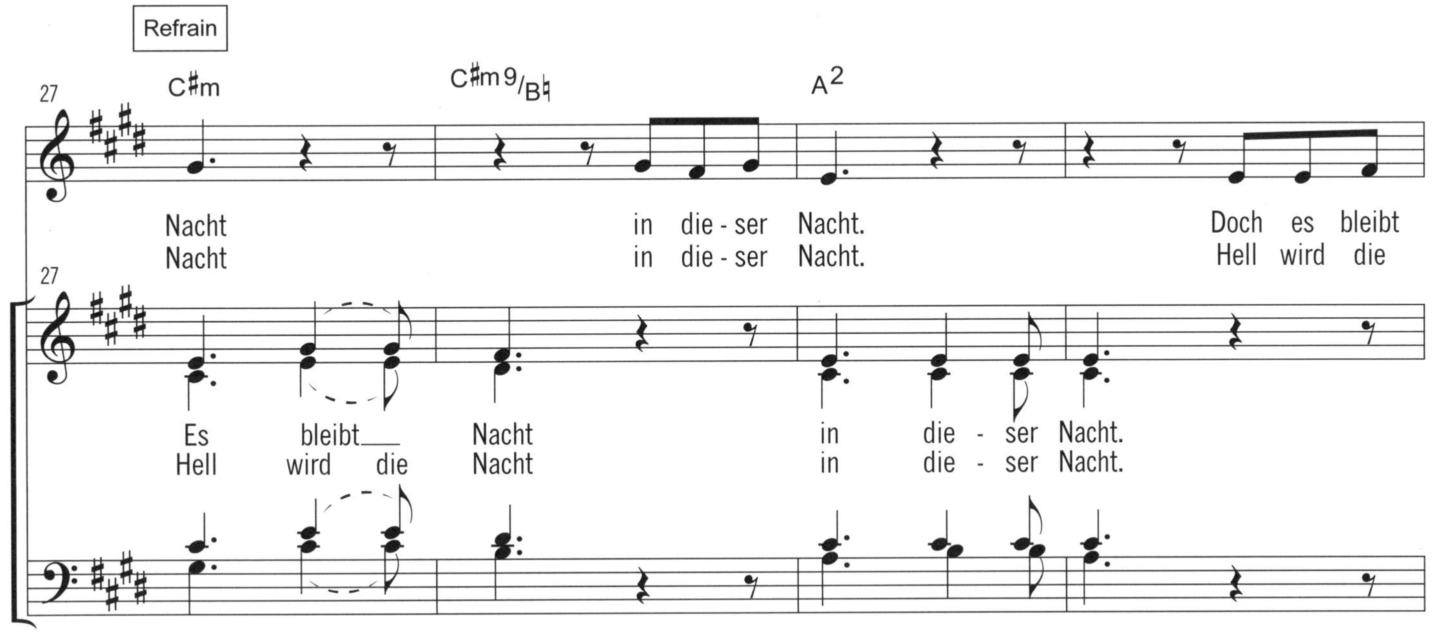
Refrain
27
C♯m
C♯m 9/B♮
A2
Nacht in die - ser Nacht. Doch es bleibt
Nacht in die - ser Nacht. Hell wird die
27
Es bleibt Nacht in die - ser Nacht.
Hell wird die Nacht in die - ser Nacht.

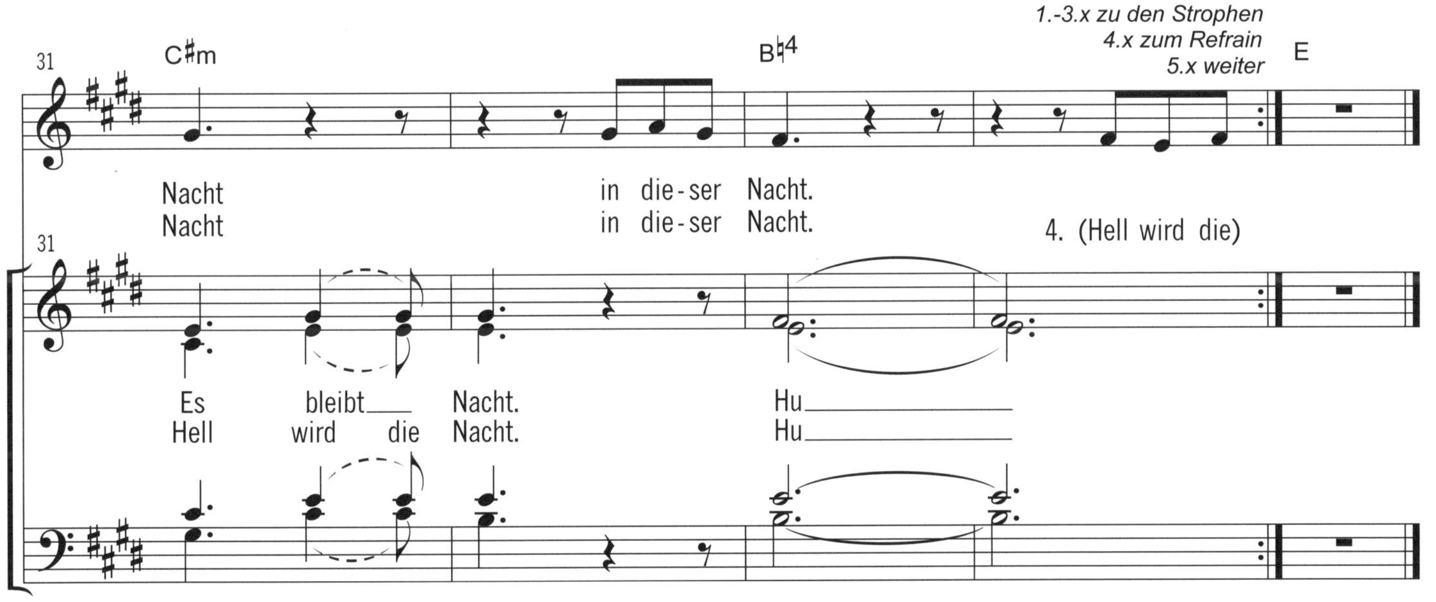
1.-3.x zu den Strophen
4.x zum Refrain
5.x weiter
31
C♯m
B♮4
E
Nacht in die-ser Nacht.
Nacht in die-ser Nacht.
4. (Hell wird die)
31
Es bleibt Nacht. Hu
Hell wird die Nacht. Hu

Ehre sei Gott

Lukas 2,13-14

Text und Musik: Werner Arthur Hoffmann
Chorsatz: Heinz-Helmut Jost

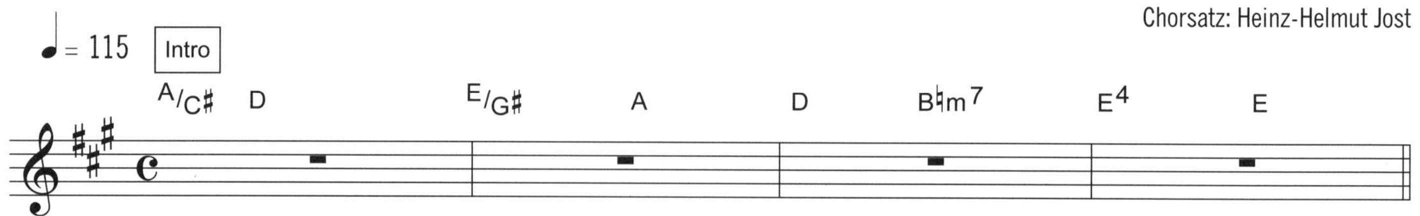

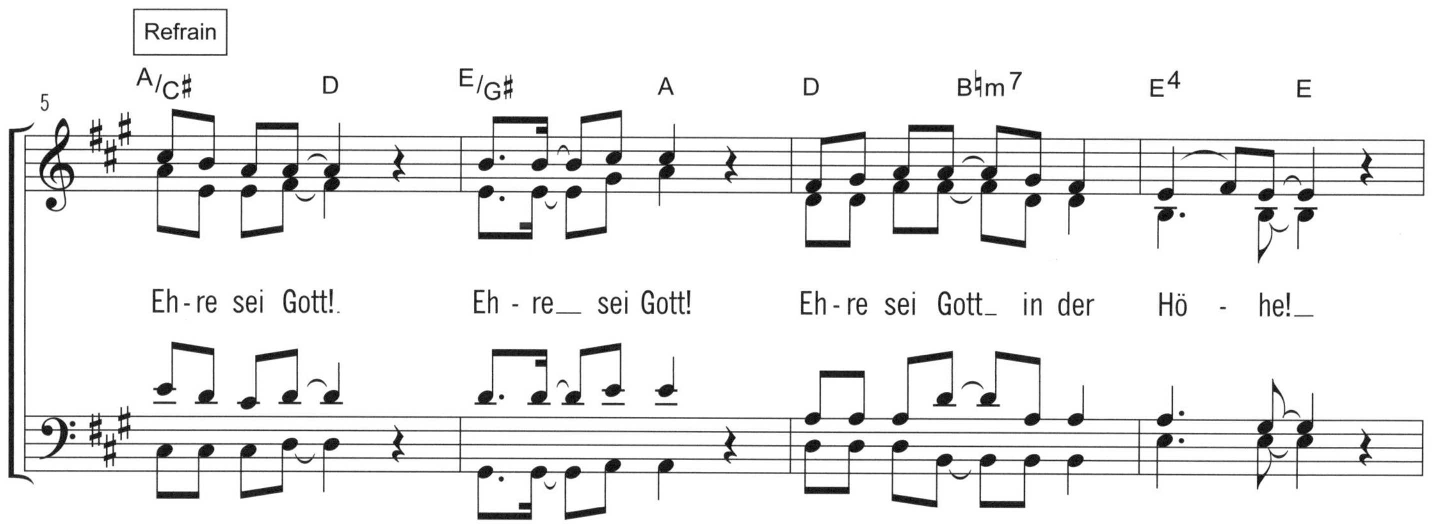

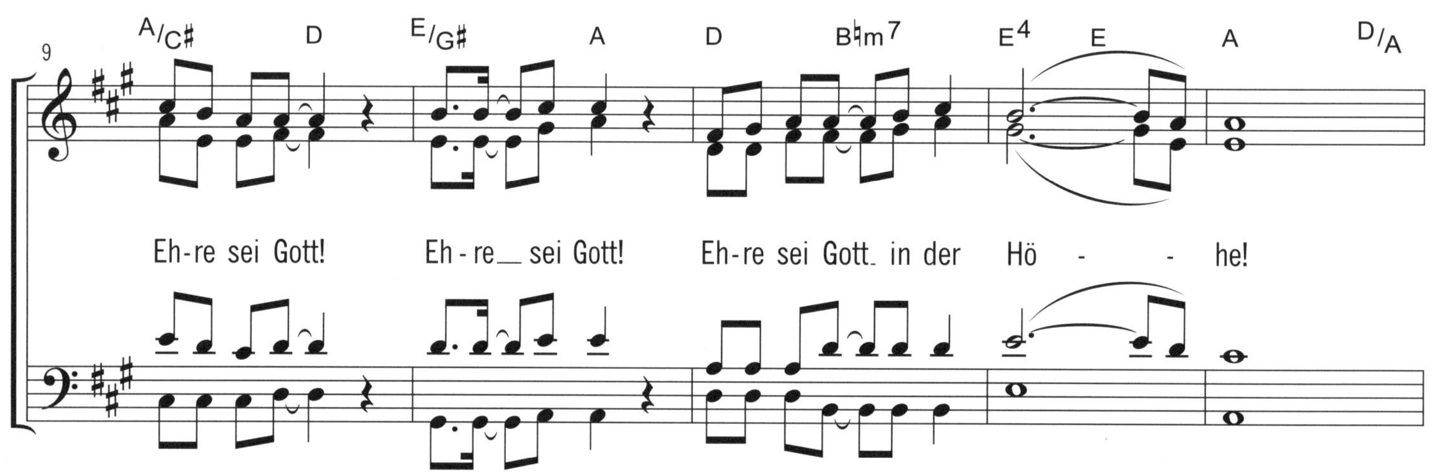

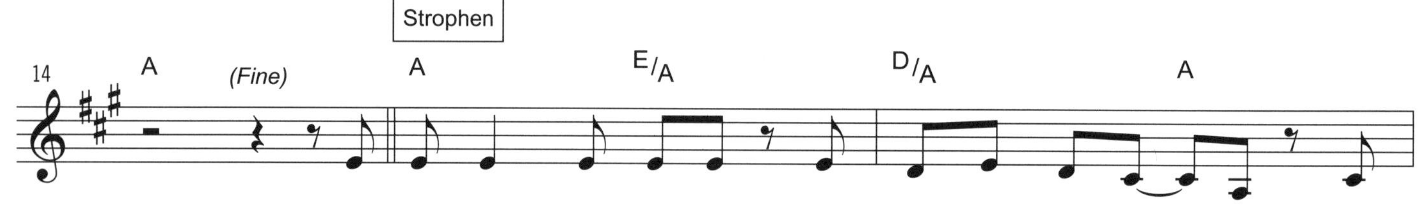

Männer/Solo 1. Die Bot-schaft der Freu-de ver - kün - de ich heu - te, was
Frauen/Solo 2. Seid nun nicht mehr ban-ge, und war - tet nicht lan - ge,

Frauen/Solo 3. Und Frie - den auf Er - den soll nun wie - der wer - den, schon
Alle 4. Gott hat es ge - fal - len, die Bot-schaft gilt al - len, und

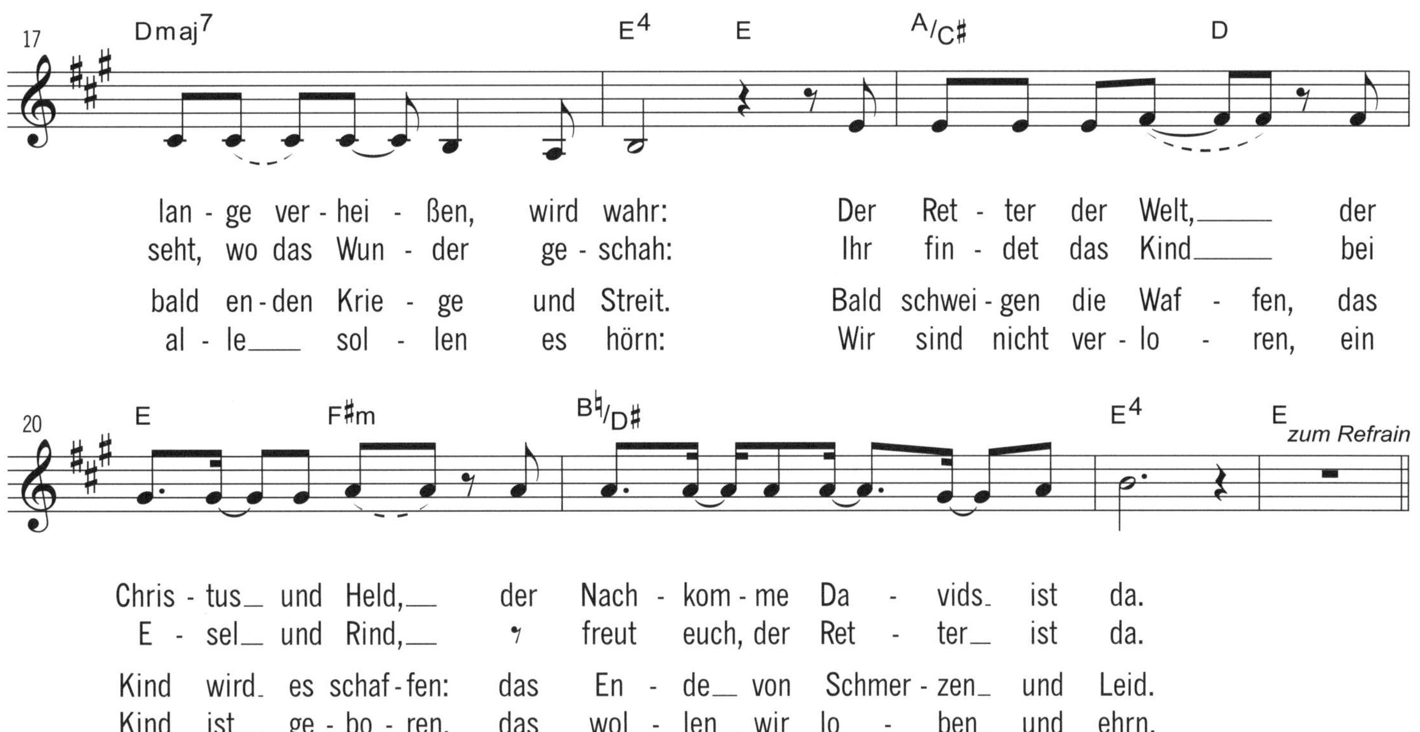

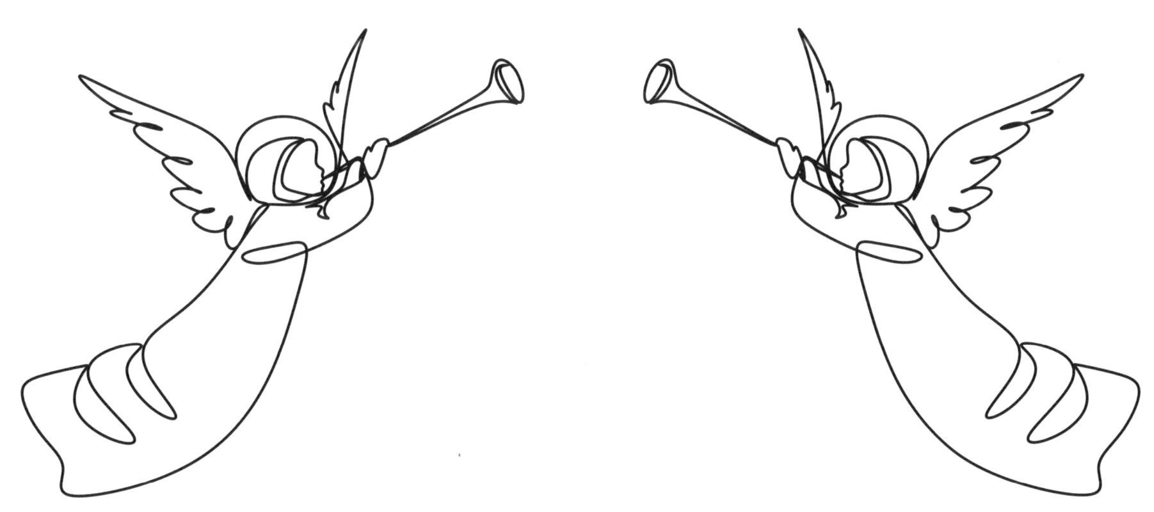

Ehre sei Gott

Und alsbald war da bei dem Engel die Menge der himmlischen Heerscharen, die lobten Gott und sprachen: Ehre sei Gott in der Höhe und Friede auf Erden bei den Menschen seines Wohlgefallens *(Lukas 2,13–14)*.

Kommt, lasst uns gehn nach Bethlehem

Lukas 2,15-18

Text und Musik: Traditional
Deutscher Text: Werner Arthur Hoffmann
Chorsatz: Christine Kandert

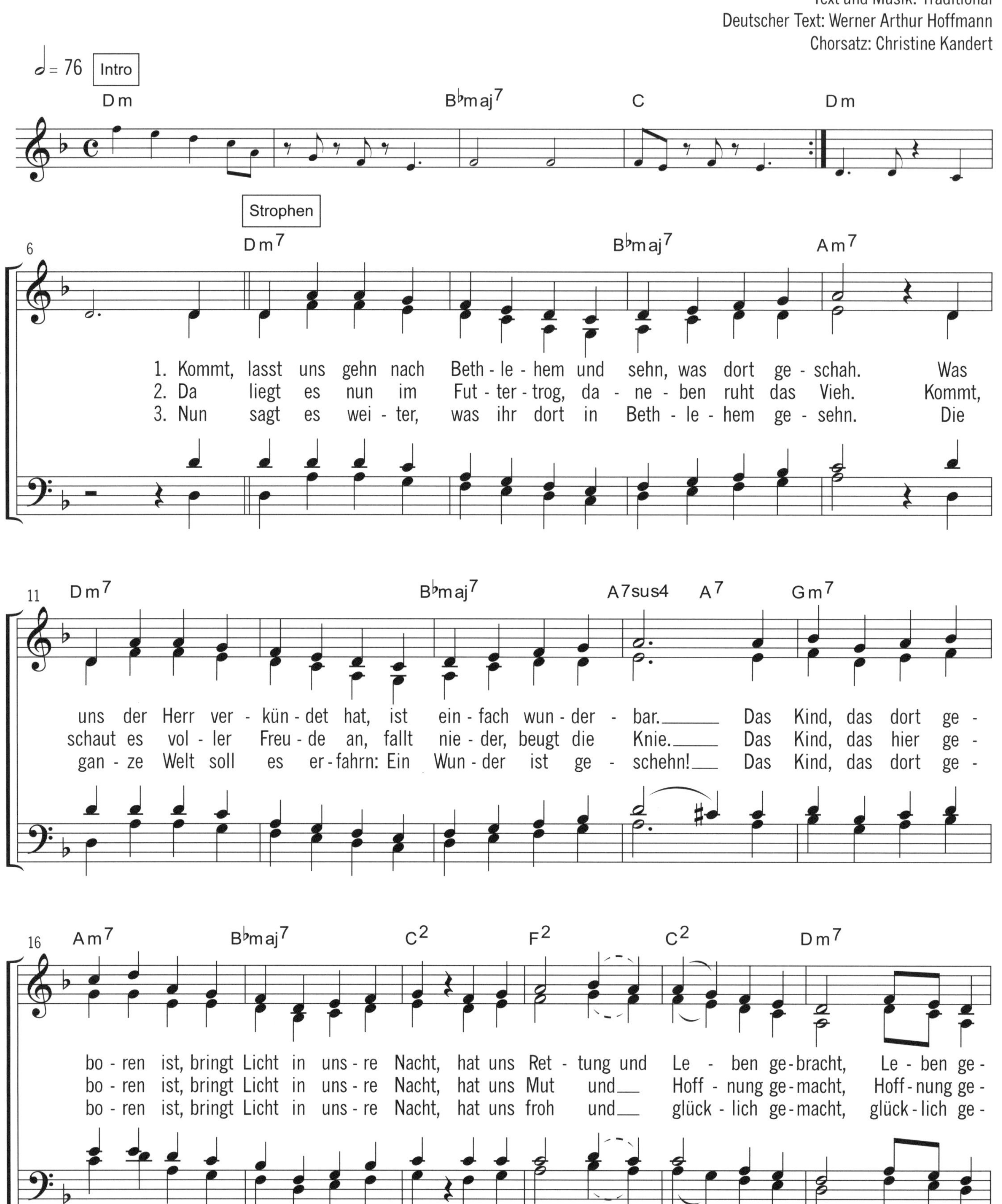

Originaltitel: God Rest Ye, Merry Gentlemen

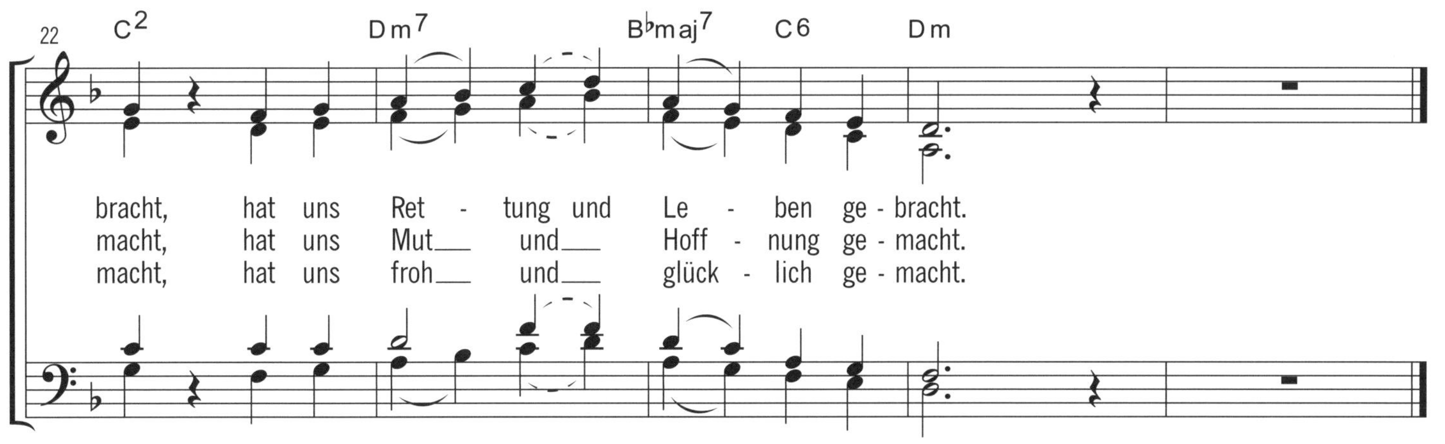

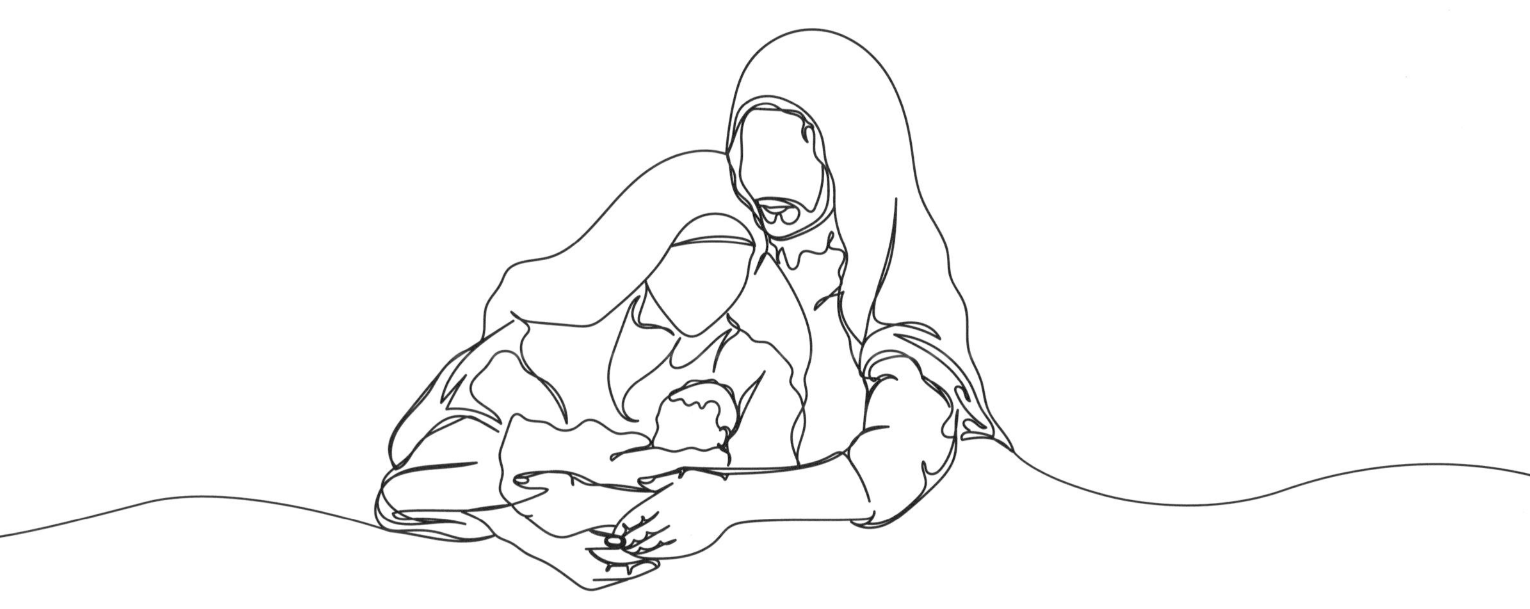

Kommt, lasst uns gehn nach Bethlehem

Und da die Engel von ihnen gen Himmel fuhren, sprachen die Hirten untereinander: Lasst uns nun gehen gen Bethlehem und die Geschichte sehen, die da geschehen ist, die uns der Herr kundgetan hat. Und sie kamen eilend und fanden beide, Maria und Josef, dazu das Kind in der Krippe liegen. Da sie es aber gesehen hatten, breiteten sie das Wort aus, welches zu ihnen von diesem Kinde gesagt war. Und alle, vor die es kam, wunderten sich über die Rede, die ihnen die Hirten gesagt hatten *(Lukas 2,15–18)*.

Sternstunde

Matthäus 2,1-2; 9-11

Text: Erich Remmers
Musik: Werner Arthur Hoffmann
Chorsatz: Heinz-Helmut Jost

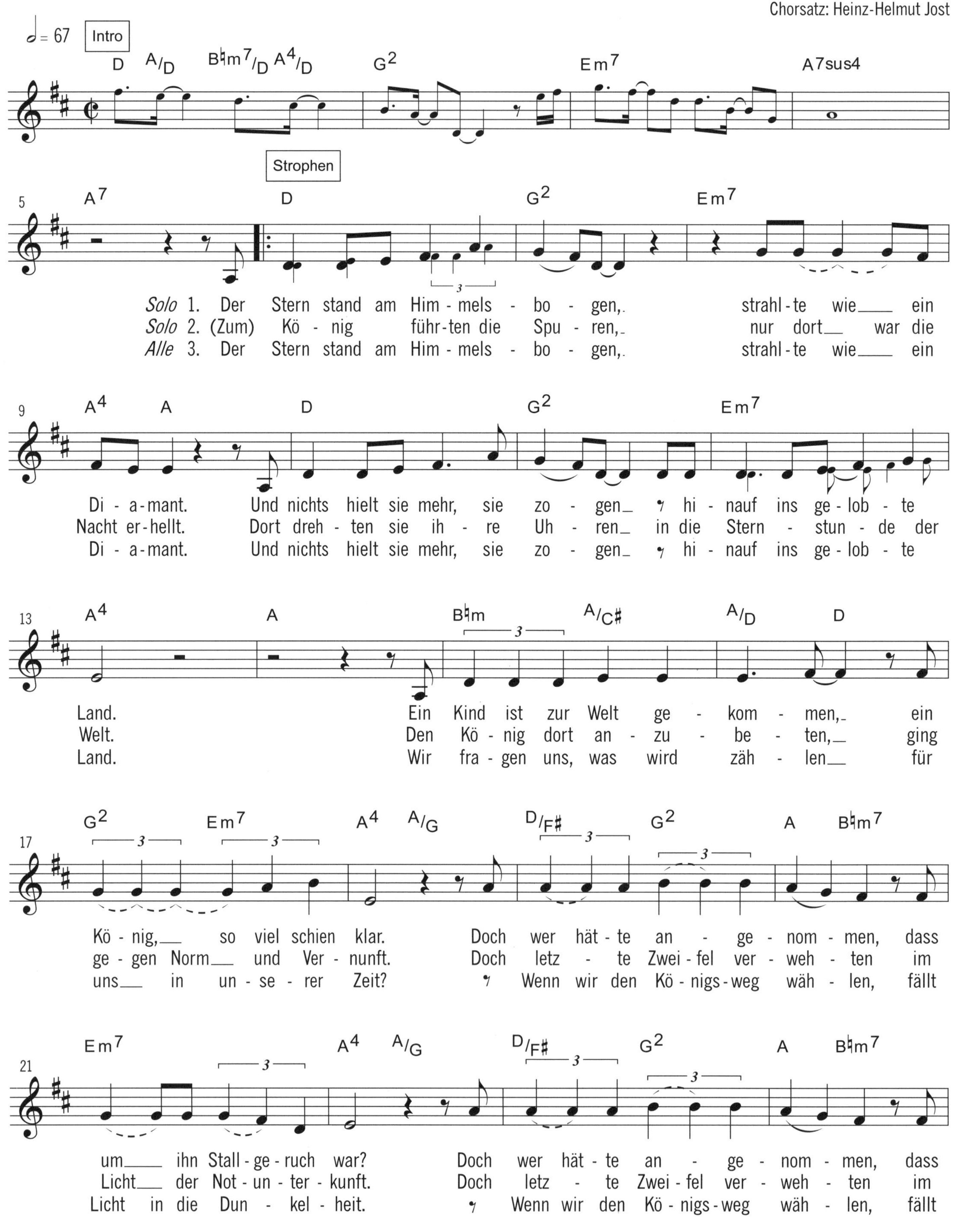

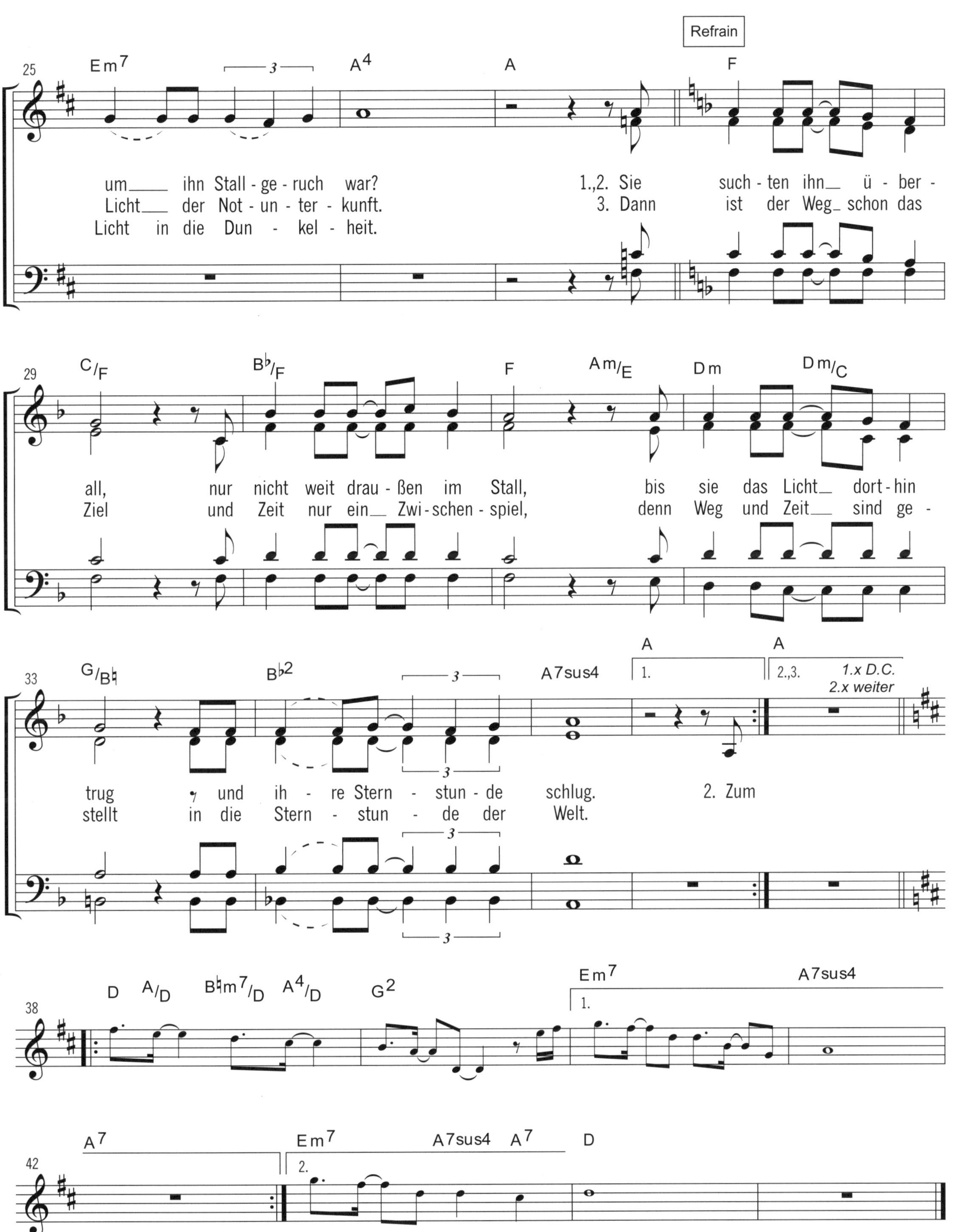
Refrain
25
Em7
A4
A
F
um___ ihn Stall - ge - ruch war?
Licht___ der Not - un - ter - kunft.
Licht in die Dun - kel - heit.
1.,2. Sie such - ten ihn__ ü - ber -
3. Dann ist der Weg_ schon das
29
C/F
B♭/F
F
Am/E
Dm
Dm/C
all, nur nicht weit drau - ßen im Stall, bis sie das Licht__ dort - hin
Ziel und Zeit nur ein__ Zwi - schen - spiel, denn Weg und Zeit__ sind ge -
33
G/B♮
B♭2
A7sus4
A
A
1.
2.,3.
1.x D.C.
2.x weiter
trug und ih - re Stern - stun - de schlug.
stellt in die Stern - stun - de der Welt.
2. Zum
38
D
A/D
B♮m7/D
A4/D
G2
Em7
A7sus4
1.
42
A7
Em7
A7sus4
A7
D
2.

Sternstunde

Da Jesus geboren war zu Bethlehem in Judäa zur Zeit des Königs Herodes, siehe, da kamen Weise aus dem Morgenland nach Jerusalem und sprachen: Wo ist der neugeborene König der Juden? Wir haben seinen Stern aufgehen sehen und sind gekommen, ihn anzubeten. Und siehe, der Stern, den sie hatten aufgehen sehen, ging vor ihnen her, bis er über dem Ort stand, wo das Kindlein war. Da sie den Stern sahen, wurden sie hocherfreut und gingen in das Haus und sahen das Kindlein mit Maria, seiner Mutter, und fielen nieder und beteten es an und taten ihre Schätze auf und schenkten ihm Gold, Weihrauch und Myrrhe *(Matthäus 2,1–2; 9–11)*.

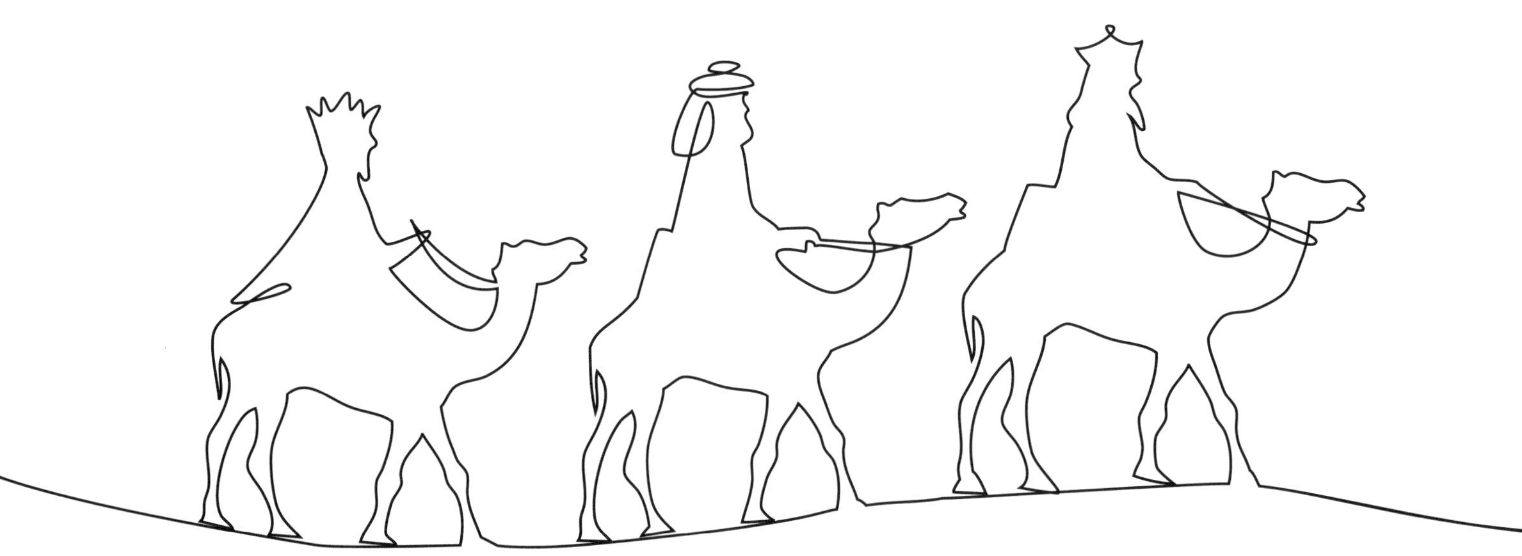

Heute wollen wir Gott loben (Gloria)

Und die Hirten kehrten wieder um, priesen und lobten Gott für alles, was sie gehört und gesehen hatten, wie denn zu ihnen gesagt war *(Lukas 2,20)*.

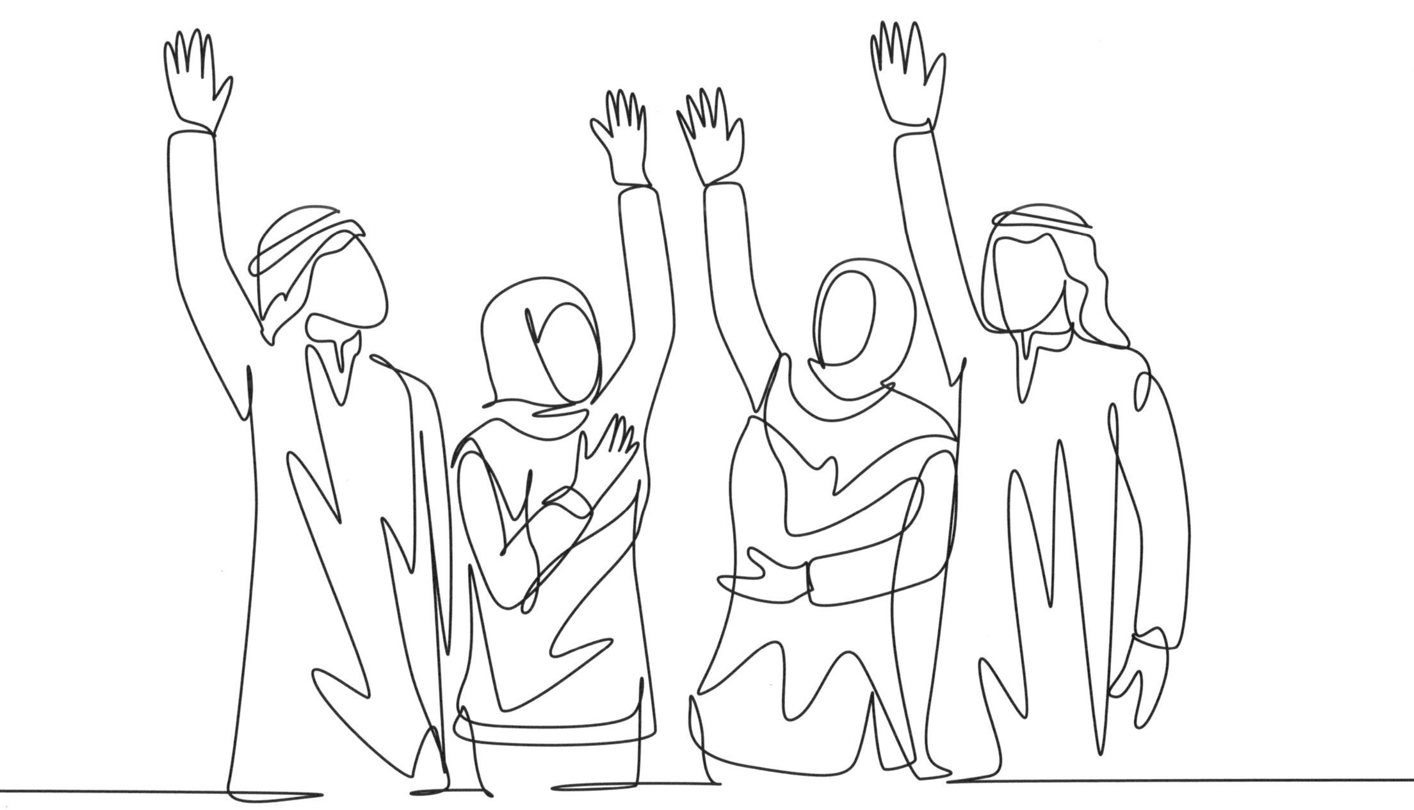

Heute wollen wir Gott loben (Gloria)

Lukas 2,20

Text: Erich Remmers
Musik: Werner Arthur Hoffmann
Chorsatz: Heinz-Helmut Jost

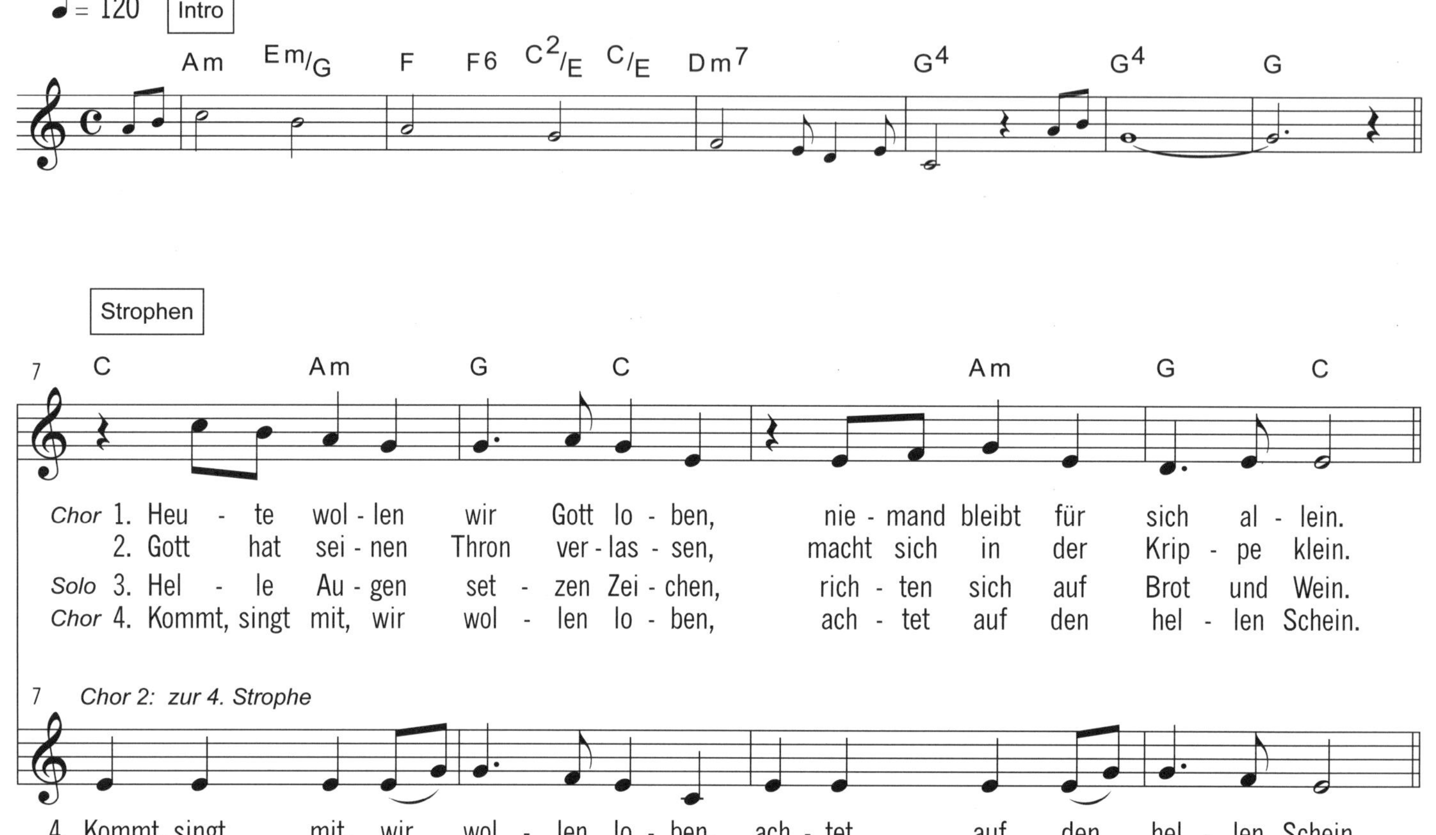

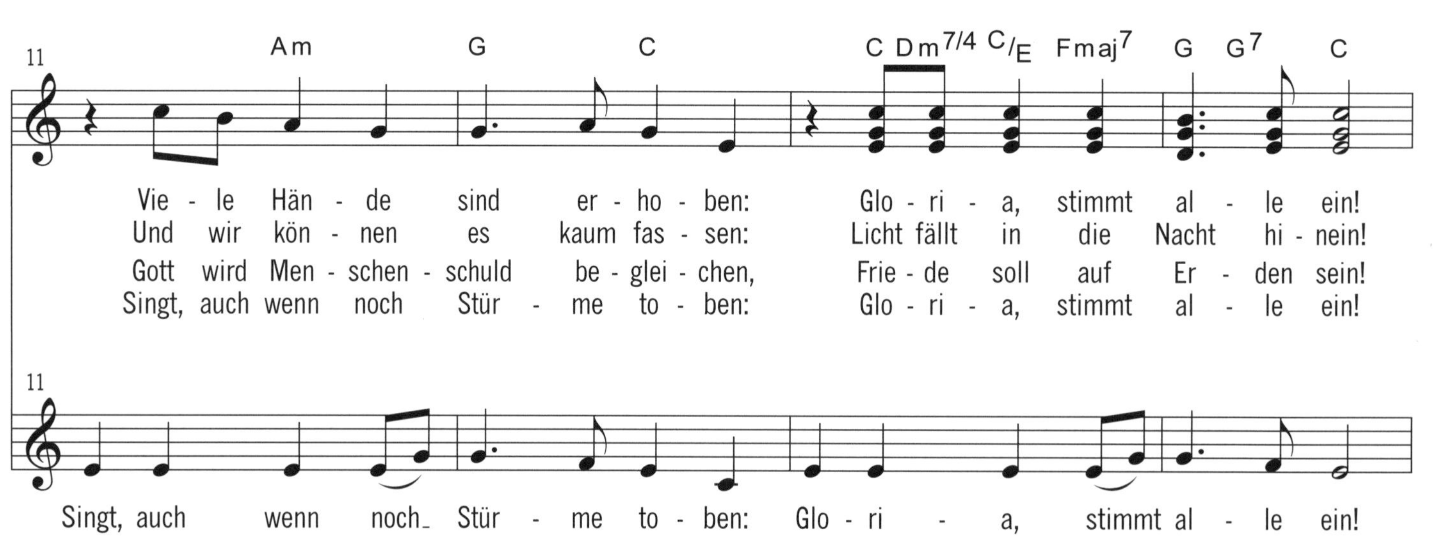

Unter Verwendung von Gloria in excelsis Deo
Originaltitel: Les Anges Dans Nos Campagnes
Text und Musik: aus Frankreich überliefert

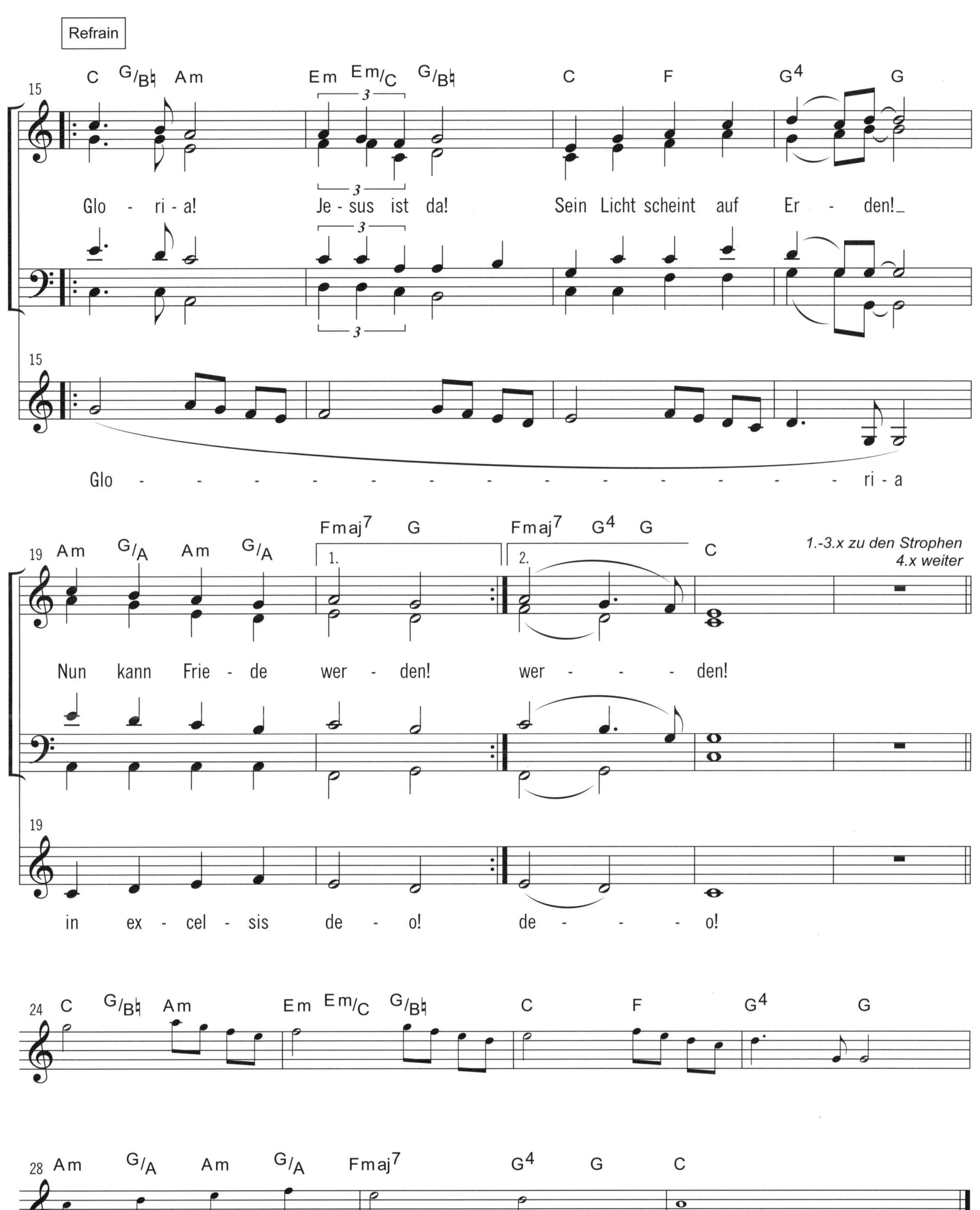
Refrain
C G/B♮ Am Em Em/C G/B♮ C F G4 G
Glo - ri - a! Je - sus ist da! Sein Licht scheint auf Er - den!
Glo - ri - a
Am G/A Am G/A Fmaj7 G Fmaj7 G4 G C
1.-3.x zu den Strophen
4.x weiter
Nun kann Frie - de wer - den! wer - den!
in ex - cel - sis de - o! de - o!
C G/B♮ Am Em Em/C G/B♮ C F G4 G
Am G/A Am G/A Fmaj7 G4 G C

Aufbruch (Neujahrslied)

Jesaja 60,1 / 5. Mose 2,7

Text und Musik: Werner Arthur Hoffmann
Chorsatz: Heinz-Helmut Jost

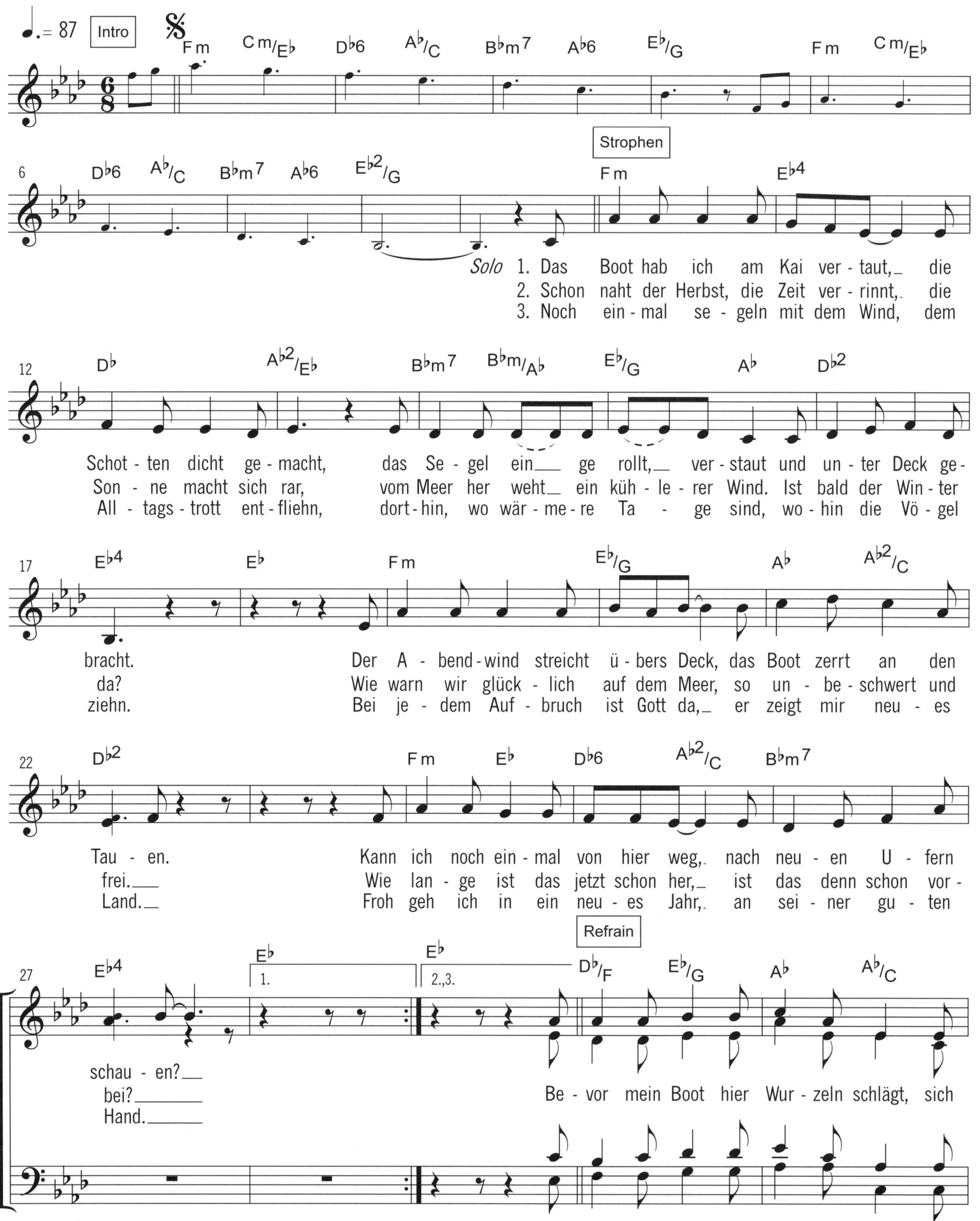

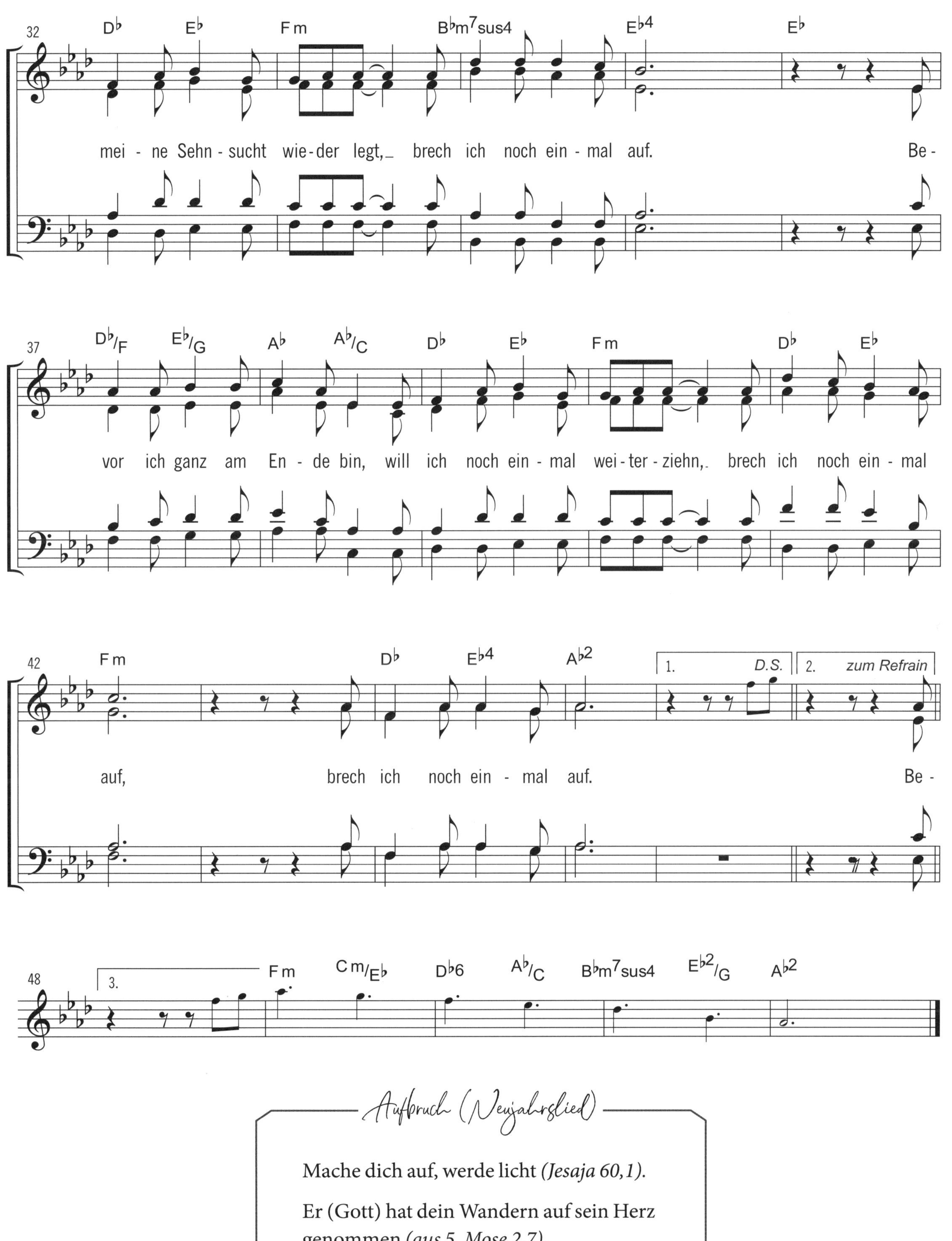

Aufbruch (Neujahrslied)

Mache dich auf, werde licht *(Jesaja 60,1).*

Er (Gott) hat dein Wandern auf sein Herz genommen *(aus 5. Mose 2,7).*

Inhaltsverzeichnis

Weitere Chorproduktionen für die *Weihnachtszeit*

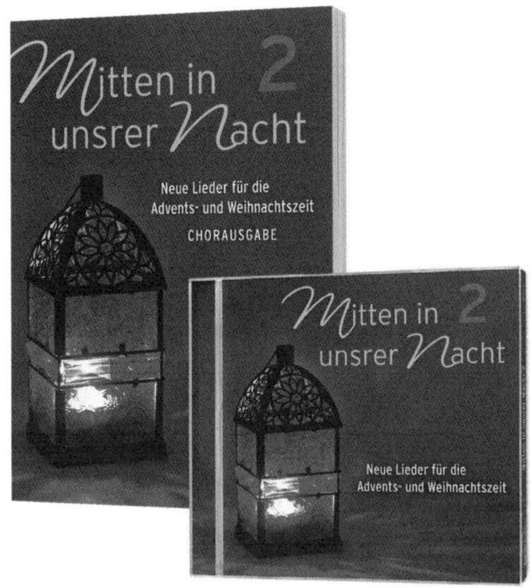

Mitten in unsrer Nacht 2

Weihnachten ist die Zeit des gemeinsamen Singens! 13 besinnliche Weihnachtslieder für Gemeinde- und Projektchöre mehrstimmig besetzt und für Solostimmen bearbeitet. Geschrieben haben die Lieder Christoph Zehendner, Andi Weiss, Johannes Nitsch, Lothar Kosse, Andrae Crouch, Tore W. Aas. und andere.

Chorpartitur 857454
ISBN 978-3-89615-454-5

Im Download unter www.gerth.de:

Album DL939442
Playbacks DL963442

Einige Titel: Celtic Carol, Der Stern, Er ist das Licht dieser Welt, Es wird nicht dunkel bleiben, Freuet euch, Ich such die Stille Nacht, Lasset uns anbeten, Nacht der Liebe

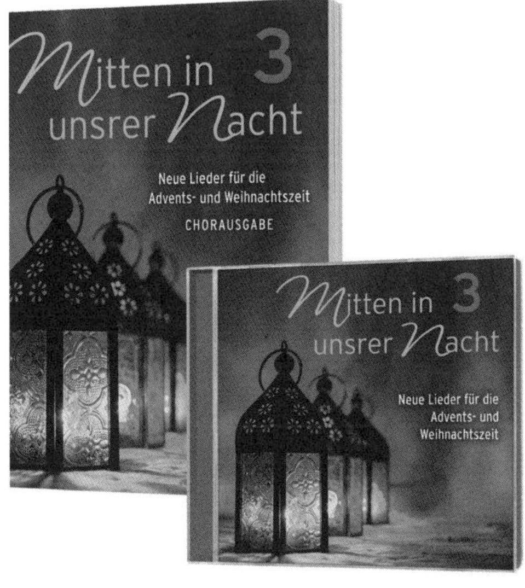

Mitten in unsrer Nacht 3

12 Weihnachtslieder für die Advents- und Weihnachtszeit stilistisch mit einer großen Bandbreite von bekannten Klassikern, über Pop-Balladen bis hin zu Gospels vom „Oslo Gospel Choir". Mit Autoren wie Dania König, Tore W. Aas, Danny Plett, Lars Peter und andere.

Chorpartitur 857556
ISBN 978-3-89615-556-6

CD 940050

Im Download unter www.gerth.de:

Album DL940050
Playbacks DL920050

Einige Titel: Betet den König an, Freude, Gloria, Himmlisches Kind, Hört auf den Klang, Immanuel, Kleines Jesuskind, Licht im Dunkel, O Messias

Weihnachtslieder für Chöre im Noten-Download

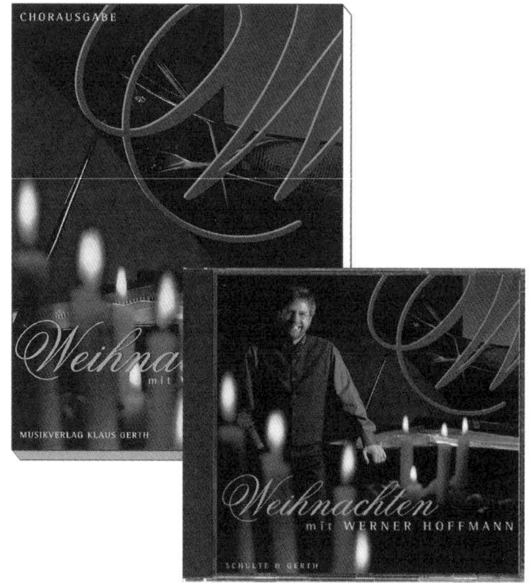

Weihnachten mit Werner Hoffmann

Eine wunderschöne Sammlung von 14 persönlichen und modernen Weihnachtsliedern. Mal balladenhaft, mal poppig-beschwingt wird die Geburt Jesu Christi, des Retters der Welt gefeiert. Die Autoren sind Werner Hoffmann und Erich Remmers.

Im Download unter www.gerth.de:

Album DL939331
Playbacks DL963331

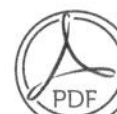

L230001 Halleluja, Jesus ist geboren
L230002 Leuchten
L230003 Herbei, o ihr Gläubigen / Adeste Fideles
L230004 Sieh dir Jesus an
L230005 Immanuel
L230006 Heiligabend
L230007 Fröhlich soll mein Herze springen
L230008 Fürchtet euch nicht
L230009 Heilige Nacht
L230010 Ich steh an deiner Krippe hier
L230011 Zu Bethlehem geboren
L230013 Freude, Freude macht sich breit
L219009 Der Herr der Herrlichkeit
L70009 Wenn die Herrlichkeit des Herrn erscheint

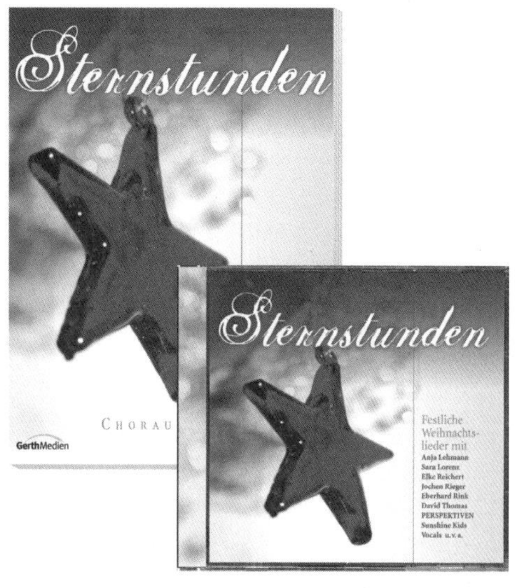

Sternstunden

Diese Sammlung präsentiert musikalische Sternstunden für die Weihnachtszeit: poppige Chor-Songs, ergreifende Balladen, ein internationales Medley und weihnachtliche Gospels. Die Musik ist von Jochen Rieger und die Texte von Thomas Eger.

Im Download unter www.gerth.de:

Album DL939136
Playbacks DL963136

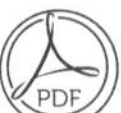

L394003 Die Zeit ist erfüllt
L394004 Sternstunde für die Welt
L394005 Sie sahen von fern
L394006 In dunkler Nacht
L394008 Sternstunden
L394009 Mary Had A Baby / Amen
L394010 Der menschliche Gott
L394011 Christ, der König ist geborn / Infant Holy, Infant Lowly
L394012 Es ist ein Ros entsprungen / Lo, How A Rose Eer Blooming
L394013 Über den Feldern
L394014 Nun singet und seid froh / Good Christian Men, Rejoice
L341008 Tausendfach besungen
L394016 Großes internationales Medley